KB069109

베버리지가 들려주는
재정 정책 이야기

베버리지가 들려주는
재정 정책 이야기

강유덕 지음 · 황기홍 그림

11
경제학자가 들려주는
경제 이야기

고전 속 경제,
교과서와 만나다

㈜자음과모음

우리는 모두 국가라는 큰 단위의 공동체 속에서 살아갑니다. 이 공동체를 운영하는 기관을 정부라고 부르고, 정부는 국민들로부터 거두어들인 세금으로 운영이 됩니다. 우리가 당연하게 누리고 있는 여러 가지 사회 제도나 공공 서비스도 모두 정부에 의해서 운영이 되기 때문에, 정부가 없이는 우리의 일상적인 삶이 지속되기 어렵습니다.

정부가 돈을 거두어들이고 지출하는 것을 재정이라고 하며, 재정을 집행하는 과정을 재정 정책이라고 말합니다. 이 책에서는 유럽 복지 제도의 근간을 만들었다고 평가되는 베버리지의 설명을 통해 정부의 일반적인 재정 정책과 재정을 통한 다양한 복지 정책에 대해 공부할 것입니다. 베버리지는 영국의 경제학자로, '요람에서 무덤까지'라는 표현을 만든 유럽 복지 정책의 아버지입니다.

경제 이야기는 흔히 딱딱하게 느껴질 수 있지만, 이 책에서는 실제로 있었던 역사 속의 이야기들을 통해 한층 쉽게 이해할 수 있을 것입니다. TV나 신문에서 흔히 접하는 용어들도 가능한 한 쉽게 풀어서 설명했습니다.

"거지는 나랏님도 구하지 못한다."는 말이 있습니다. 어느 사회에나 부유한 사람이 있고 가난한 사람도 있기 마련으로 가난한 사람이 없는 사회는 있을 수 없다는 말입니다. 하지만, 정부의 역할 중 하나는 가난한 사람이 스스로 일어설 수 있도록 적극적으로 돕고, 모든 국민이 인간답게 살 수 있도록 보장하는 일입니다. 베버리지는 전쟁으로 궁핍해진 영국에서 모든 국민이 인간답게 생활할 수 있는 제도를 만들었으며, 이로 인해 유럽 국가들은 빈부의 격차를 줄일 수 있었습니다.

우리나라는 저출산과 인구의 고령화 문제, 통일 문제 등 여러 가지 사회 문제를 안고 있습니다. 이러한 문제를 해결하기 위해서는 재정 정책을 적극적으로 활용하여야 하며, 그 과정에 우리 모두가 참가하여 서로 의견을 나누고 지혜를 구할 필요가 있습니다.

이 책은 재정에 대해 알기 쉽게 설명해 주는 데에 목적이 있지만, 앞으로 우리가 살아 나가야 할 한국의 상황을 살펴보고, 외국의 경험에서, 교훈을 얻고자 하는 데에도 목적이 있습니다. 이 책을 읽고 나서 여러분이 주변에서 일어나는 여러 가지 사회 문제에 더 큰 관심을 가지게 된다면, 이 책이 전달하고자 한 바를 100% 이루었다고 보아도 무방할 것입니다. 베버리지가 들려주는 재미있는 이야기를 통해서 여러분이 경제에 한 발짝 더 다가서게 되기를 바랍니다.

강유덕

○ 교과서에는

정부는 한 나라 경제를 책임지며 다양한 역할을 수행한다. 먼저, 시장 경제의 효율적인 작동을 위해 일정한 규칙을 마련하고 공정한 경쟁을 유도한다. 또한 공공재를 생산하여 공급하고, 시장에서 자원이 공정하게 배분되도록 돕는다. 그리고 경기 변동에 대한 대책을 마련하여 경제의 안정을 도모한다. 이러한 활동에 필요한 재원은 정부가 걷는 세금으로 마련한다.

최근 우리 나라에 떠오르는 문제는 고령화이다. 고령화로 인한 노동력 부족과 젊은층의 노인 인구 부양 부담의 증가에 대비하여, 정부는 노동력을 충당하고, 연금이나 의료 보험 등의 사회 복지 제도를 강화할 필요가 있다.

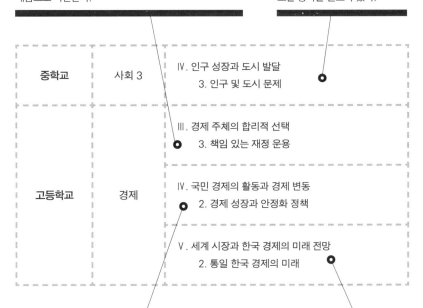

중학교	사회 3	IV. 인구 성장과 도시 발달 3. 인구 및 도시 문제
고등학교	경제	III. 경제 주체의 합리적 선택 3. 책임 있는 재정 운용
		IV. 국민 경제의 활동과 경제 변동 2. 경제 성장과 안정화 정책
		V. 세계 시장과 한국 경제의 미래 전망 2. 통일 한국 경제의 미래

경기가 과열되거나 침체될 경우 정부는 적극적으로 금융 정책과 재정 정책을 실시하게 된다. 재정 정책은 정부가 재정 지출을 조정하거나 세율을 변경하는 방법으로 이루어지고, 금융 정책은 중앙은행에서 통화량 조절을 통해 경제를 안정시키게 된다.

통일에는 상당한 비용이 필요할 것으로 예상된다. 북한 주민들의 최소한의 인간다운 삶을 보장하는 등 다양한 부분에 정부가 비용을 투자해야 하기 때문이다. 이를 위해 정부는 예산의 일부를 적립해 두거나 세금을 올리는 등의 방법을 동원할 수 있다. 이 과정에서 많은 문제가 발생할 수 있기 때문에 신중하게 접근해야 할 것이다.

	윌리엄 헨리 베버리지	세계사	한국사
1879	인도 랑푸르 출생	독일, 오스트리아 동맹 결성	
1892	차트하우스 입학		
1897	옥스퍼드 대학교 베일리얼 칼리지 입학		대한 제국 수립
1901	옥스퍼드 대학교 졸업		
1902	영국 사회복지부 토인비 홀 입사	영국-일본 동맹	서울-인천 간 전화 개통
1905	일간지 『Morning Post』 입사	미국-일본, 가쓰라-태프트 밀약	을사조약 체결
1907	윈스턴 처칠과 교류 시작		국채 보상 운동 헤이그 특사 파견
1909	영국 무역 위원회 근무		
1914		제1차 세계 대전 발발	
1917		러시아 혁명 (2월, 10월)	
1919	런던 정치 경제 대학 학장	파리 강화 회의	3 · 1 운동 대한민국 임시 정부 수립
1920		국제 연맹 창설	봉오동, 청산리 전투
1934		히틀러, 총통 취임	진단 학회 조직
1937	옥스퍼드 대학교 학장		
1939		제2차 세계 대전 발발	
1940	영국 노동부 차관		
1942	『베버리지 보고서』 발표		조선어 학회 사건
1944	국회의원 당선	노르망디 상륙 작전	
1945		포츠담 선언	8 · 15 광복
1954	정계 은퇴		제 2차 개헌
1963	사망		박정희 정부 수립

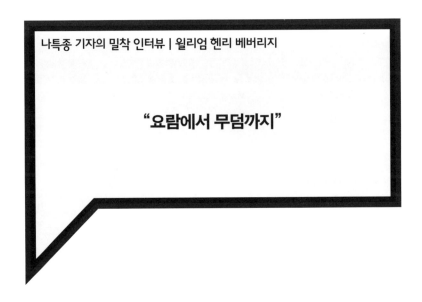

"요람에서 무덤까지"

안녕하세요, 나특종 기자입니다. 오늘은 재정에 관한 이야기를 들려줄 '윌리엄 헨리 베버리지' 선생님을 모셨습니다. 이번 수업도 매우 기대가 되는데요. 선생님에 대해서 궁금해하는 친구들이 많다고 하니, 먼저 간단한 인터뷰를 해 보도록 하겠습니다.

안녕하세요, 선생님. 오늘 수업을 함께할 친구들에게 간단한 소개 말씀 부탁 드릴게요.

여러분, 반갑습니다. 나는 약 130년 전에 태어난 영국의 경제학자입니다. 여러분은 나를 잘 모르겠지만, 유럽에서는 매우 유명한 경제학자랍니다. 유럽의 사회 복지 제도의 기초를 마련했다는 평가를 받고 있지요. 모두가 한 번쯤은 들어 보았을 '요람에서 무덤까지'라는 말을 내가 처음으로 했답니다.

맞아요. 아주 유명한 말이에요. 그럼 그 말이 어떤 의미인지 짧게 설명해 주시겠어요?

요람은 아기가 누워 있는 조그만 침대를 가리키지요. '요람에서 무덤까지'란 사람이 태어나서 나이가 들어 사망할 때까지 정부가 사회 복지 제도를 통해서 돌봐 준다는 데에서 나온 말이랍니다.

그렇군요. 그런데 선생님께서는 영국이 아닌 인도에서 태어난 것으로 알고 있는데, 맞나요?

네. 나의 아버지인 헨리 베버리지(Henry Beveridge)는 공무원이셨는데, 내가 태어나던 1879년에는 인도의 랑푸르(Rangpur)라는 곳에서 근무를 하고 계셨어요. 당시에는 인도가 영국의 식민지였거든요. 그래서 많은 영국 사람들이 인도에서 살았답니다.

혹시 『소공녀』라는 소설을 읽어 보았나요? 이 소설의 주인공 세라도 나와 같은 시대 사람이에요. 나의 경우와 마찬가지로 아버지가 인도에서 일했기 때문에, 세라는 인도에서 태어난 후 나중에 영국의 기숙사 학교에 와서 공부하게 되지요. 그만큼 당시에는 그런 일이 흔했답니다.

그 당시 영국인의 일상 생활을 살펴보려면 찰스 디킨스(Charles John Huffam Dickens)가 지은 『올리버 트위스

찰스 디킨스
스크루지 영감을 주인공으로 하는 유명한 소설인 「크리스마스 캐럴」의 작가입니다.

『**올리버 트위스트**』
1834년에 영국에서 시행한 신빈민구제법에 항의하며, 런던 뒷거리의 세계를 다룬 작품입니다. 당시 영국 사회의 이면을 사실적으로 묘사한 것으로도 유명하지요.

트』라는 소설을 읽어 보세요.

그럼 선생님께서도 학교는 영국에서 다니셨나요?

그렇지요. 중학교에 갈 나이가 되었을 때, 부모님은 나를 영국 서레이에 있는 차트하우스(Chartehouse)로 보냈습니다. 이 학교는 1611년에 세워진 역사와 전통을 자랑하는 명문 기숙 학교였어요. 당시에는 학생들의 대부분이 귀족이나 부잣집 자제들이었지요. 그러나 귀족과 부자들하고 어울린다고 해서 가난한 사람들은 아랑곳하지 않고 풍요로운 생활에만 관심이 있었던 것은 아니에요. 나중에 내가 한 일들은 가난한 사람들을 돕는 일이었거든요.

● 옥스퍼드 대학의 전경

대학에서는 어떤 공부를 하셨나요?

차트하우스를 졸업한 후 옥스퍼드 대학에 진학했어요. 옥스퍼드 대학은 우리나라처럼 하나의 대학교가 아니라 칼리지(college)라고 불리는 30여 개의 작은 대학들이 모여서 이루어져 있어요. 나는 베일리얼 칼리지(Balliol College)에서 법학과 경제학을 공부한 후 변호사가 되었답니다.

변호사가 되신 후에는 주로 어떤 일을 하셨나요?

1903년부터 토인비 홀(Toynbee Hall)이라는 영국의 사회 복지 시설에서 부관장으로 일하게 되었어요. 이때부터 가난한 사람들에게 일자리를 찾아 주는 등 이들을 돕는 일에 관심을 가지게 되었지요. 당시에 내가 가진 신념은 국가가 적극적으로 나서서 가난한 사람들을 보호해 주어야 한다는 것이었어요.

혹시 '부익부 빈익빈'이라는 말 아세요? 부자는 더 부자가 되고, 가난한 사람은 더 가난해진다는 말이에요. 가난한 사람은 그대로 놔두면 더 가난해질 수밖에 없기 때문에, 정부가 나서서 가난을 벗어날 수 있도록 도와주어야 한다는 것이 내 생각이었답니다.

역시 남다른 생각을 가지셨었군요. 그럼 그 후에도 계속 변호사로 활동하신 건가요?

아니오. 그 후 대학에서 교수직을 맡았고, 런던 정치 경제 대학과 옥스퍼드 대학의 학장이 되었습니다. 그러던 중 1934년에 정부에서 실업 보험 위원회의 위원장을 맡아 달라고 부탁하더군요. 당시 전 세계적으로 대공황이 일어나서 모두가 살기 어려운 때였어요. 경제가 좋지 않다 보니 실업자들이 많이 늘어났고 가난한 사람, 과부, 고아들도 많아졌답니다. 이러한 상황에서 나에게 맡겨진 그 일은 가난한 사람들을 정부가 적극적으로 도와주어야 한다는 평소의 신념을 제대로 실천할 수 있는 기회가 되었지요.

본격적으로 복지 제도를 추진한 것은 언제부터였나요?

1938년, 제2차 세계 대전이 벌어지자, 전쟁으로 인해 영국 정부의 살림살이가 급속히 나빠졌어요. 전쟁 물자를 마련하느라 그렇게 되었는데, 이로 인해서 영국의 복지 제도를 재정비할 필요가 생겼답니다. 바로 그 일의 책임이 나에게 맡겨졌지요.

나는 복지 제도를 재정비하기 위해서 새로운 기관을 만들었는데, 사람들이 내 이름을 따서 그 기관을 '베버리지 위원회'라고 불렀답니다. 베버리지 위원회는 1942년에 그 유명한 『베버리지 보고서-사회 보험 및 관련 서비스』를 발간했어요. 보고서의 주요 내용은, 일자리를 잃을 경우 정부가 나서서 지원해 주어야 한다는 것과, 가난한 계층에 대한 의료 서비스에 관한 것이었지요.

많은 사람들이 선생님께서 제2차 세계 대전 이후 현대 복지 국가의 모델을 마련했다고 평가하는 이유가 바로 그것 때문이군요.

네. 제2차 세계 대전 이전에는 정부의 역할이 군대를 유지하고, 사회 혼란을 막기 위해 경찰을 통해 질서를 유지하는 것 정도로만 여겨졌어요. 하지만 『베버리지 보고서-사회 보험 및 관련 서비스』가 출간된 뒤에는 정부의 역할이 보다 적극적인 것으로 바뀌었답니다.

자본주의가 발달해서 경제 활동이 활발해지면, 필연적으로 회사나 공장에서 일하는 근로자들이 많아지게 되지요. 그런데 이 사람들에 대해서 정부가 관심을 쏟아 주지 않는다면, 사회 시스템은 계속 유지되기 힘듭니다. 이러한 생각들이 유럽의 여러 나라에 반영되어 다양한 복지 제도가 생겼다는 것에 대해서 참 뿌듯하게 생각한답니다.

당시에는 선생님의 생각과 같은 주장을 했던 학자나 정치가들도 많았던 것 같은데요?

맞아요. 나보다 나이가 조금 어렸던 케인스는 나의 생각을 보다 발전시켜서 정부가 경제 활동에 적극 참여하는 케인스주의를 확립시켰답니다. 정부가 적극적으로 나서서 가난한 계층을 도와주고, 일자리를 만들어 냄으로써 경기를 활성화시켜야 한다는 것이지요.

여러분, 혹시 윈스턴 처칠(Winston Leonard Spencer Churchill)을 아세요? 영국 수상이었던 처칠은 수상이 되기 전부터 나하고는 매우 친했어요. 당연히 정부의 정책에 대한 생각도 같았답니다. 우리는 1911년에 '국가보험법'이라는 것을 만들어, 정부가 직접 나서서 빈곤을 퇴

● 정부의 적극적인 경제 정책을 주장했던 케인스

● 영국의 정치가 처칠

치하도록 했어요. 또한 처칠이 수상이 되어 사회 복지 사업을 실시할 때, 내가 처칠에게 많은 아이디어를 제공했지요. 처칠은 그 아이디어를 실천에 옮겼습니다. 우리 둘의 관계는 처칠이 정치에서 은퇴할 때까지 이어졌지요.

그렇군요. 마지막으로 이번 수업에 대해서 간단히 이야기해 주세요. 기대하는 친구들이 많습니다.

내가 이번에 재정 정책에 대한 수업을 하게 된 것은 내가 제안한 사회 복지 제도와 깊은 연관이 있어요. 정부가 세금을 거둬들인 후에 그 돈을 적절한 곳에 활용한다면 더 좋은 일들을 할 수 있다는 것을 보여 줄 생각입니다.

인터뷰에서부터 조금 어려운 말이 나오기 시작했는데, 내가 살아왔던 환경과 겪은 일들을 소개하면서 재정 정책에 관해 차근차근 설명할 거예요. 어쩌면 다소 어려운 내용을 다룰 수도 있겠지만, 어렵다고만 생각하지 말고 끝까지 힘내서 같이 공부해 보도록 해요. 경제는 생각보다 쉽고 재미있는 학문이랍니다. 자, 이제 수업을 시작해 보도록 할까요?

좋은 말씀 감사합니다. 지금까지 나특종 기자였습니다.

정부는 어떻게 운영이 되나요?

정부는 우리의 안전을 보호해 주고 우리가 누릴 수 있는 다양한 서비스를 공급해 줍니다. 이를 위해 정부의 재정이 어떻게 운영되는지 지금부터 자세히 알아봅시다.

최근 5년 동안의 수능과 유명 대학교의 논술 연계

2009년도 수능(경제) 10번
http://www.kice.re.kr/ko/board/view.do?article_id=74604&menu_id=10089&board_id=10153&search_year=347&search_field=title

정부의 역할

첫 번째 수업이 시작되었어요. 인터뷰에서 '요람에서 무덤까지'라는 복지 정책에 대해서 잠깐 언급했지요? 복지(福祉) 정책이란 정부가 국민 모두에게 교육, 의료 보험의 혜택을 제공하고, 실업자나 가난한 사람들을 도와서 스스로 일어설 수 있도록 도와주는 정책입니다. 재정 정책의 일부분이지요. 그렇다면 이러한 정책을 실행하는 정부에 대해서 먼저 알아볼게요.

복지
사람이 살 수 있는 물질적·문화적 조건이 충족된 상태를 복지라고 합니다.

정부
법을 만들고, 집행하며, 법에 기초해서 판결을 내리는 역할을 하는 통치 기구 전체를 가리킵니다.

정부는 어떤 일을 할까요?

정부는 우리의 안전을 지켜 주고, 우리가 누릴 수 있는 다양한 서비스를 공급해 줍니다. 또한 우리가 공동으로 사용하는 서비스와 각종 시설들을 관리해 줍니다.

이렇게 모두가 같이 누릴 수 있는 물건이나 서비스를 '공공재'라고 부르는데요, 대표적으로 군인 아저씨들이 나라를 지켜 주는 국방 서비스, 119 소방대원 아저씨들의 구급 활동 등이 여기에 포함됩니다.

공공재는 우리 삶에 필수적일뿐더러 모두에게 혜택이 돌아가기 때문에 반드시 생산되어야만 하는 재화랍니다. 하지만 이를 소비하는 국민들 대다수가 그 혜택에 상응하는 비용을 지불하지 않고도 사용할 수 있다는 특징 때문에, 개인들의 자발적인 기여나 노력에 기대서는 운영하기가 힘들지요. 그래서 대부분의 공공재는 정부가 맡아서 운영을 하고 있답니다.

경제 부문에서 정부의 역할은 우선적으로 시장에서 거래가 공정하게 이루어질 수 있도록 하는 것입니다. 공정한 거래에 대해서 이야기하기 전에, 여러분이 학교에서 시험을 볼 때 지켜야 하는 몇 가지 규칙에 대해서 알아봅시다.

먼저, 시험을 볼 때는 다른 사람의 답안지를 봐서는 안 되고, 정해진 시간 안에 마무리해야 해요. 당연히 시험 도중에 교과서나 참고서를 봐서도 안 되겠지요. 만약에 이 규칙을 어긴다면 공정한 경쟁이 되지 않을 테고, 경쟁이 공정하지 않다면 여러분도 열심히 노력해서 좋

● 화재 현장에 출동한 소방대원들의 활동도 공공재에 해당합니다.

은 결과를 얻으려는 동기가 사라질 거예요.

규칙은 스포츠에서도 매우 중요하게 적용됩니다. 예를 들어, 축구 경기를 공정하게 끌어 갈 심판이나 규칙이 없다면, 경쟁심으로 인해 큰 싸움이 일어날 수도 있기 때문이지요.

이와 마찬가지로 정부도 경제 주체들이 공정하게 거래할 수 있도록 여러 가지 법과 제도를 마련하여 **경제 활동**(經濟活動)의 기준으로 삼는답니다. 왜냐하면 시장은 보이지 않는 경쟁이 치열하기 때문에, 기준이 없을 경우 소비자나 경제적 약자가 피해를 입게 되기 때문입니다. 정부는 이러한 법과 제도가 제대로 집행될 수 있도록 감시하는 역할도 합니다.

● 축구 경기 중에 퇴장을 명하는 것은 규칙을 지키지 않았기 때문인데, 공정한 경쟁을 위해서는 반드시 필요한 일입니다.

경제 활동
생산, 소비, 노동, 유통 등의 경제와 관련된 모든 활동을 가리킵니다.

유통
사람들 사이에서 상품, 서비스, 재산이 이동되는 현상을 말합니다.

예를 들면, 우유에 제조 일자를 표시해야 한다거나, **유통**(流通) 중에는 냉장고에 보관해야 한다는 사항들은 모두 정부에서 정한 규칙입니다. 그래서 이를 지키지 않는 경제 주체는 법적 제재를 받게 되지요. 덕분에 우리는 마트에서 우유의 제조 일자를 확인하고 마음 편하게 살 수 있는 거예요.

정부는 이렇게 경제 활동이 원활해지도록 규칙을 마련하는 것 외에도, 적극적으로 나서서 국민들을 도와주는 역할도 한답니다. 혹시 동사무소에서 운영하는 놀이터나 도서관에 가 본 적이 있나요? 그곳에 가면 여러 가지 놀이 기구를 무료로 사용할 수 있고 책도 빌릴 수 있어요. 이러한 서비스는 지역 내 시민들을 위한 복지 시설이기 때문입니다. 마찬가지로, 경제적 여건이 되지 않는 학생들에게 최소한의 교육을 받을 수 있도록 지원해 주는 것도 정부가 하는 일 중 하나입니다.

무엇보다 정부는 국민들의 경제 활동에 큰 관심을 가지고 도움을 주어야 합니다. 우리 학생들은 아직 경험하지 못했겠지만, 경기가 안 좋을 때는 일자리가 없어서 많은 사람들이 고생을 한답니다. 갑자기 일자리를 잃거나 취업을 하지 못하는 사람들도 늘어나지요.

이처럼 노동할 의욕과 능력을 가진 경제 주체가 자기의 능력에 맞는 노동의 기회를 얻지 못하고 있는 상태를 우리는 '실업'이라고 부릅니다. 그리고 실업 상태에 있는 사람들을 '실업자'라고 하지요. 정부는 이 실업자들에게 일자리를 찾아 주고, 실업 보조금도 지급해 줍니다. 나이가 많아서 일을 할 수 없는 할아버지, 할머니들이 쉴 수 있도록 경로당을 마련해 주고, 또 생활이 어려운 사람들에게 지원금을 주는 것도 정부의 중요한 역할이지요.

정부의 수입인 세금

우리는 국가라는 큰 틀 안에서 살고 있어요. 이는 나라가 제공하는 여러 가지 혜택들을 누리며 살고 있다는 것을 의미하지요. 나라를 운영하려면 국방, 치안, 교육, 보건, 행정 등의 서비스 제도를 운영해야 합니다. 이런 서비스를 공공재 또는 공공 서비스라고 부른다고 전 시간에 배웠지요? 그런데 정부가 공공재를 공급하기 위해서는 비용이 발생합니다. 이 비용은 국민들이 내는 세금(稅金)을 통해서 마련이 되지요.

세금은 누구나 내야 하는 건가요?

세금을 내는 것은 국민의 의무 중 하나입니다. 이를 조금 어려운 말로 '납세의 의무'라고 하지요. 지금부터 세금에 대해서 좀 더 자세히 알아보도록 합시다.

세금
정부가 공공 서비스를 제공하기 위해서 국민들에게서 거두는 돈을 세금이라고 합니다.

우리가 늘 다니는 길, 사용하는 수돗물과 전기, 전화 등은 모두 나라에서 운영하는 것들이랍니다. 그런데 국민들이 세금을 제대로 내지 않는다면 어떻게 될까요? 만약 세금이 원활하게 걷히지 않는다면, 우리의 일상 생활뿐만 아니라 국가 경제 전반에 어려움이 확산될 것입니다.

정부는 공공 서비스를 운영하는 과정에서 많은 사람들을 고용하거나 많은 물건들을 사게 됩니다. 이러한 정부의 재정 지출은 기업 활동에도 영향을 미쳐서 이윤이 창출되도록 돕습니다. 이로 인해 기업은 직원들을 더 많이 고용하여 월급을 주고, 새롭게 투자를 해서 물건을 만

공공 서비스
공공 서비스란 정부에서 국민들에게 제공해 주는 서비스를 말합니다. 교육, 의료 등이 대표적인 공공 서비스이지요. 이러한 공공 서비스는 국민들이 낸 세금으로 운영된답니다.

들어 낼 수 있게 되지요. 그런데 세금 수입이 부족해서 정부가 지출을 줄이게 되면 이러한 산업이 위축되고 실업이 늘어나서 국민 생활이

전반적으로 어려워지는 것입니다.

세금을 내는 데에도 원칙이 있어요

그렇다면 모두가 똑같은 액수의 세금을 내야 하는 것일까요?

세금에 관해서는 법으로 정해진 원칙들이 있습니다. 그중에서도 가장 대표적인 것 몇 가지를 알아봅시다.

먼저, 세금은 능력에 따라서 내야 한다는 원칙입니다. 이 원칙에 따르면 우리가 버는 돈이나 쓰는 돈의 액수, 그리고 얼마나 많은 재산을 보유하고 있느냐에 따라서 각자 내는 세금의 액수가 달라집니다.

즉, 돈을 많이 벌수록, 많이 쓸수록, 재산이 많을수록 세금을 더 많이 내는 것입니다. 그 이유는 간단합니다. 돈을 많이 벌고 쓴다는 것은 그만큼 국가가 제공하는 서비스를 더 많이 사용한다는 의미로 볼 수도 있기 때문이에요. 또한 세금을 통해 '부의 재분배'를 실현하려는 목적도 있지요. 정부는 이러한 원칙에 따라 거둬들인 세금을 경제적 약자를 위한 복지 정책에 사용하고 있답니다.

두 번째로는 '조세 법률주의'라는 원칙을 들 수 있습니다. 어렵게 들리지만 조금만 생각해 보면 무척 쉬운 말이에요. 조세는 세금을 뜻하고, 법률주의는 법에 따라 결정한다는 뜻이거든요. 결국 세금의 종류나 세금을 내야 하는 대상을 법에 입각하여 정한다는 것입니다.

정부가 국가 권력을 내세워 아무런 이유도 없이 세금을 내라고 강

● 국회의사당

요하는 것은 부당한 일이기 때문입니다. 특히 새로운 세금을 내도록 요구할 경우, 정부는 이를 법률에 의거해서 정해야 합니다. 법률은 국회에서 정하고, 국회는 국민들이 선출한 국회의원들로 구성된다는 거 알고 있지요? 이렇게 세금을 정하는 데에도 국민들의 뜻이 반영되어야 한답니다.

세금의 종류

이제 세금의 종류를 살펴볼까요? 세금에는 크게 국세와 지방세가 있는데, 국세는 정부에 내는 세금이고 지방세는 지방 자치 단체, 그러니까 주로 시, 도에 따라 내는 세금이에요. 지방세의 비중은 크지 않기 때문에 국세를 중심으로 알아보도록 하지요.

우리나라 국세의 종류는 다음의 표와 같습니다. 조금 복잡하게 나와 있지만 내국세를 중심으로 보면 됩니다. 여기서 보통세는 정부가 일반적인 용도로 쓰기 위해 거두어들이는 세금이고, 목적세는 교육이나 교통 등 특별한 분야의 정책을 시행하기 위해 거두어들이는 세금입니다.

보통세는 직접세와 간접세로 구분됩니다. 직접세는 주로 번 돈이나 가지고 있는 재산에 대해서 내는 세금이에요. 소득세나 상속세처럼 그 금액이 많아짐에 따라서 세율도 같이 높아지는 것이 특징이지요. 그래서 능력에 따라서 과세를 하는 경우가 많아요.

교과서에는

우리나라 세입 예산을 보면 중앙 정부 일반 회계의 국세 수입 중 내국세가 가장 큰 비중을 차지하고 있습니다.

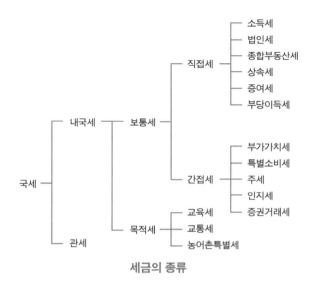

```
                                        ┌── 소득세
                                        ├── 법인세
                                 ┌── 직접세 ├── 종합부동산세
                                 │        ├── 상속세
                                 │        ├── 증여세
                                 │        └── 부당이득세
                 ┌── 내국세 ── 보통세 ──┤
                 │               │        ┌── 부가가치세
                 │               │        ├── 특별소비세
        국세 ──┤               └── 간접세 ├── 주세
                 │                        ├── 인지세
                 │               ┌── 교육세 └── 증권거래세
                 │          목적세 ├── 교통세
                 └── 관세         └── 농어촌특별세
```

세금의 종류

직접세는 납세자에게 세금이 직접 부과되기 때문에 다른 사람에게 전가하기 어렵습니다. 그래서 국민들이 이에 민감하게 반응하게 되지요. 여러분은 아직 돈을 벌지 않기 때문에 직접세를 낼 필요는 없답니다.

> **전가**
> 조세에 대한 부담이 납세자로부터 다른 곳으로 이전되는 것을 말합니다.

혹시 여러분 중에 '난 세금은 한 번도 내 본 적이 없는데…….'라고 생각하는 친구들이 있나요? 하지만 여러분은 자신도 모르는 사이에 많은 세금을 내고 있답니다.

우리가 크게 의식하지 않으면서 내고 있는 세금 중 대표적인 것이 바로 부가 가치세입니다. 여기서 '부가'란 무엇이 더해진다는 뜻인데, 재료를 가공해서 상품을 만들면 가치가 더해지게 되잖아요. 그 가치만큼 세금을 낸다는 의미입니다.

가령 여러분이 문구점에 가서 1000원을 주고 공책을 샀다면, 보통 부가 가치 세율이 10% 정도니까, 여러분은 100원의 세금을 정부에 내는 셈입니다. 나중에 다시 얘기하겠지만, 정부는 부가 가치 세율을 조정함으로써, 경기(景氣)가 어려울 때는 소비자들의 부담을 덜어 주고, 경기가 너무 과열되어 있을 때는 소비를 억제시킵니다.

경기
생산, 물가, 고용이 상승하는 시기와 하락하는 시기는 주기적으로 순환하게 되는데, 이 상황을 '경기'라고 합니다.

부가 가치세가 간접세에 포함된다는 것은 위의 표를 통해서도 알 수 있지요? 간접세는 이렇게 돈을 쓸 때 내는 세금이라고 볼 수 있어요. 좋은 음식점에 가서 식사를 하면 식사 가격 외에도

간접세인 특별 소비세를 내는데, 이는 영수증을 통해서 확인할 수 있을 거예요. 물론 이렇게 해서 모아진 세금은 나라 운영에 필요한 재원으로 사용된답니다.

이렇게 물건을 살 때마다 여러분이 이미 세금을 지불해 왔다는 것은 잘 몰랐지요? 여러분도 어엿하게 세금을 내고 있는 국민이니까, 정부의 활동에 좀 더 관심을 가지고, 주인 의식을 가져야 합니다. 또한 정부의 돈으로 운영되는 잔디밭이나 가로수를 보호하고 공공 시설물을 아끼는 습관을 갖는 것도 중요한 일이 될 거예요.

정부의 가계부, 재정 수지

앞에서 우리는 정부가 세금을 걷어서 여러 가지 공공 서비스를 우리에게 제공해 준다고 배웠습니다. 이렇게 정부가 돈을 거두어들이고 지출하는 것을 재정이라고 말합니다. 이때 정부의 수입을 세입이라고 하고 지출을 세출이라고 하지요.

세입의 항목으로는 세금뿐만 아니라 정부가 직접 사업을 해서 벌어들이는 돈도 있습니다. 예를 들어, 철도 운행과 같은 수익 사업을 운영하는 것을 말하지요. 여러분, 재정 수지라는 말을 들어 보았나요? 재정 수지는 정부가 세금이나 수익 사업을 통해 벌어들이는 수입과 국가의 유지와 사회 복지를 위해서 지출하는 액수의 합계를 뜻합니다.

벌써 예상했겠지만, 정부의 수입과 지출 중 어느 것이 더 큰가에 따라 재정 수지가 플러스(+)가 될 수도 있고 마이너스(-)가 될 수도 있습니다. 재정 수지가 플러스가 될 경우 흑자 재정이라고 하고, 마이너스가 될 경우 적자 재정이라고 부릅니다. 가능하면 재정 수지가 마이너스가 되도록 운영해서는 안 되겠지요.

혹시 여러분은 용돈이 모자란 적 없었나요? 예를 들어서, 떡볶이를 먹고 싶은데 사 먹을 돈이 없는 거예요. 용돈이 다 떨어져서 다음 달에야 받을 수 있는 상황이지요. 이럴 때 여러분은 어떻게 하겠어요? 보통은 친구한테, '이번에 떡볶이 사 줄래? 다음번에는 내가 사 줄게.' 하고 부탁을 하겠지요.

나라의 경우에도 마찬가지로 적자 재정이 될 경우 빚을 내야 한답니다. 나중에 갚기로 하고 빌려 오는 것이지요. 이때는 공짜로 빌려 오는 것이 아니라 이자를 내고 빌려 와야 하기 때문에, 결국 나중에 갚아야 할 액수가 더 많아진답니다. 때문에 정부는 가능한 한 빚을 지지 않는 것이 바람직합니다.

재정 수지는 보통 1년 단위로 해서 계산이 됩니다. 1년 동안 정부의 수입이 지출보다 더 많으면 재정 수지가 흑자가 되는 것이고, 수입보다 지출이 더 많으면 적자가 되는 것이지요. 만약에 한 달에 1000원씩 적자가 난다고 생각해 보세요. 1년이면 1만 2000원의 적자가 생깁니다. 그러면 1만 2000원을 빌려 와서 채워 넣어야겠지요. 이렇게 빌려 온 돈을 정부 부채라고 부릅니다. 만약에 계속해서 재정 적자가 발생한다면 정부 부채는 계속 쌓이게 되는 것입니다.

정부의 수입과 지출 계획

그럼 정부의 수입과 지출은 어떻게 계획되는 걸까요? 쉽게 설명하기 위해 우리 가정에서 부모님이 어떻게 가계 예산 계획을 짜는지 살펴보도록 할게요. 부모님은 즉흥적으로 돈을 쓰는 것이 아니라, 계획에 따라서 지출을 한답니다.

일단 지출을 하기 전에 한 달 예상 수입에 맞춰서 계획을 짭니다. 이번 달 수입이 얼마가 될 거니까, 항목별로 얼마씩 쓰고 저축은 어느 정도 하면 되는지 미리 계획을 다 세워 두는 것이지요.

그런데 국가의 예산을 짜는 방식은 그 반대의 순서로 진행됩니다. 먼저 예산이 쓰여야 할 용도와 금액을 미리 결정한 후에 그에 필요한 경비를 세금을 통해 거두어들이는 방식으로 말이지요. 그리고 세금만으로 부족할 경우에는 돈을 빌리기도 합니다.

정부가 이렇게 예산 계획을 짜서 집행하는 데에도 법적으로 마련된 절차가 있습니다. 나라마다 조금씩 다르기는 하지만 여기서는 한국 정부의 절차를 설명하도록 할게요.

정부는 보통 9월에 다음 해에 대한 예산 계획을 작성합니다. 그다음에는 국회의 심의를 받게 되지요. 국회의원들의 임무는 정부의 예산안이 제대로 짜였는지를 엄격하게 평가하는 것입니다. 세금은 국민으로부터 나오는 것이므로, 정부의 예산안이 허술하게 짜여 있을 경우 국민들의 부담만 늘어나기 때문이지요. 지난 시간에 여러분도 '간접세' 라는 형식으로 이미 세금을 내고 있다고 배웠지요? 이렇게 해서 짜여지는 것이 실행 예산이고, 정부는 이 실행 예산안을 바탕으로 예산을 집행하게 됩니다.

교과서에는

정부는 예산을 편성하여 국회에 제출하고, 국회는 이를 심의하여 예산을 확정하며, 정부는 이를 기반으로 재정 활동을 수행합니다.

그런데 이 예산만 가지고는 재정을 집행하기에 부족한 경우가 있습니다. 갑작스러운 경기 침체나 자연재해 등으로 인해 정부가 돈을 많이 지출하게 되는 경우를 예로 들 수 있지요. 이 경우에는 추가로 다시 예산안을 짜게 되는데, 이를 '추가 경정 예산안'이라고 합니다. 물론 이것 또한 국회의 예산 심의를 받아야 합니다. 결국 국민이 세금을 더 내어 충당하게 되는 만큼, 향후 세금 인상을 전제로 한다고 볼 수 있기 때문입니다.

정부의 예산 집행 절차

정부가 예산을 집행하고 나면 감사원에서 검사를 하는데, 특히 돈의 지출과 관련된 검사를 '감사'라고 합니다. 마치 부모님이 지난 가계부를 다시 살펴보는 것과 마찬가지라고 생각하면 쉬울 거예요. 불필요한 지출은 없었는지, 혹시 잘못 지불한 돈은 없는지 살펴보는 것이지요. 이 과정을 거치고 나면 감사원의 감사 결과를 다시 국회에서 심사하고, 이로써 정부의 재정 수입과 지출에 대한 평가가 끝나게 됩니다.

　이렇게 철저한 과정을 거치는 이유는 무엇일까요? 이는 우리 모두의 돈인 세금이 낭비 없이 효율적으로 사용될 수 있도록 하기 위함입니다. 이런 절차가 마련되어 있어야 국민들이 정부를 믿고 세금을 낼 수 있는 것이니까요.

세금이 없는 나라, 모나코

프랑스 남부 지중해 연안에는 모나코라는 작은 나라가 있습니다. 바티칸 다음으로 세계에서 두 번째로 작은 국가이지요. 인구도 3만 5000명 정도에 불과하며, 국방이나 외교, 치안 등 많은 부분을 프랑스에 의존하고 있어요. 그런데 이 나라의 1인당 국민 소득은 이웃 프랑스의 두 배인 6만 7000달러에 이릅니다.

● 모나코 해변은 세계적으로 아름답기로 유명합니다.

모나코가 이렇게 잘 살게 된 주된 이유는 유럽의 부자들이 모나코로 몰리기 때문입니다. 지중해를 내려다보는 언덕에 자리 잡은 모나코는 빼어난 자연 경관과 따뜻한 날씨로 인해 일찍부터 유럽인들의 휴양지로 각광을 받았습니다. 유럽에서 가장 세금이 낮은 나라이다 보니 유럽의 사업가들이나 연예인, 운동 선수들이 이곳에 많이 거주하게 되었고, 이들이 쓰는 돈으로 인해 모나코의 생활 수준은 매우 높습니다. 바닷가에 빽빽하게 들어찬 요트들은 모나코의 풍요로움을 그대로 보여 주지요.

모나코 국민들은 실질적으로 세금을 낼 필요가 없습니다. 그 이유는 크게 두 가지인데, 그중 하나는 이 작은 도시에 해마다 수백만 명의 유럽인들이 몰려와 돈을 쓰기 때문입니다. 특히 유명한 자동차 경주인 F-1을 비롯한 각종 행사가 연중 열리기 때문에, 많은 유럽인들이 이곳에 와서 돈을 씁니다. 그리고 이는 모두 모나코 국민들의 수입이 되는 셈이지요.

또 다른 이유는, 모나코 정부가 법인세를 통해서 벌어들이는 돈이 많기 때문입니다. 법인세는 사업을 하기 위해 정식으로 회사를 등록할 때 내는 세금입니다. 그런데 이 법인세가 낮기 때문에 많은 유럽의 회사들이 등록은 모나코에서 하고 실제적으로 사업은 이웃인 프랑스나, 독일, 이탈리아에서 하는 것이지요. 모나코는 나라가 작고 군대나 경찰 운영에 들어가는 돈이 필요하지 않다 보니 법인세 수입만으로도 나라가 충분히 운영된답니다.

모나코와 비슷한 사례가 '조세 천국(tax heaven)'이라고 불리는 곳들입니다. 말 그대로 '세금의 낙원'이라는 뜻인데요, 기업에 대한 세금이 아주 적은 나라들을 일컫습니다. 예를 들어, 카리브해의 케이맨 제도, 바하마, 버뮤다 제도 등의 섬나라들은 관광 수입과 천연자원을 채취해서 파는 것 외에는 별다른 수입원이 없답니다. 그래서 고안해 낸 방안이 법인세를 낮춰서 될수록 많은 기업들이 자기 나라에서 등록을 하게 하는 것입니다. 그리고 등록을 한 기업은 다른 나라에서 사업을 하게 됩니다. 예를 들어, 기업들은 일명 페이퍼 컴퍼니라고 불리는 서류상에만 존재하는 회사를 설립한 후에, 이 회사를 통해 다른 나라로부터 자금을 들여온 후 다시 다른 곳에 투자하는 방식으로 사업을 하는 것이지요. 이러한 조세 천국은 전세계적으로 70여 곳이 있는데, 룩셈부르크나, 스위스, 아일랜드와 같은 선진국들도 여기에 포함이 됩니다.

하지만 조세 천국의 정부는 예외적인 경우를 제외하고는 돈의 출처를 묻지도 않고 투자자의 신원에 대한 비밀을 보장해 주기 때문에 악용되는 경우가 많습니다. 탈세와 자금 세탁을 위한 중간 거점으로 사용되기도 하고, 국제 금융 시장에 혼란을 가져오기도 하기 때문에, 여러 선진국들은 조세 천국에 대해 촉각을 곤두세우며 감시하고 있습니다.

재 정   정 책 이 란   무 엇 인 가 요 ?

정부는 세금을 통해서 나라의 살림살이를 꾸려
나갑니다. 경제 사정에 따라서 다양한 정책을
세우고 실행하여 어려움을 해결해 나가는 것이
정부의 역할이지요. 그렇다면 정부가 운용하는
재정 정책이란 무엇인지 자세히 알아보도록 합
시다.

최근 5년 동안의 수능과 유명 대학교의 논술 연계

2011년도 수능(경제) 2번
http://www.kice.re.kr/ko/board/view.do?article_id=91672&menu_
id=10089&board_id=10153

2007년도 수능(경제) 9번, 10번
http://www.kice.re.kr/ko/board/view.do?article_id=55939&menu_
id=10089&board_id=10153

정부가 실시하는 경기 부양책

정부가 사용할 수 있는 경제 정책에는 크게 통화 정책과 재정 정책이 있습니다. 먼저 통화 정책에 대해서 설명해 보도록 하겠습니다. 통화란 한 나라에서 사용되는 돈을 뜻합니다. 미국의 통화는 달러이고 우리나라의 통화는 원이라는 것은 모두들 알고 있지요?

그럼 먼저 경기가 안 좋아지는 경우를 가정해 볼게요. 경기가 침체되면 소비자들은 돈을 쓰는 것을 꺼리게 됩니다. 앞으로 어떤 상황이 벌어질지 모르기 때문에, 만약을 대비해서 저축을 하려는 것이지요. 그런데 저축이 항상 경제 전반에 좋은 영향을 끼치는 것은 아닙니다. 그 이유는 무엇일까요?

기업이 제품을 팔기 위해서는 **투자(投資)**를 해야 하는데, 경기가 좋지 않을 때에는 투자를 꺼리게 됩니다. 물건

> **투자**
> 장차 얻을 수 있는 수익을 위해 지출을 늘리는 활동을 뜻합니다. 주로 새로운 사람을 고용하거나 새로운 기계를 들여오는 활동을 말하지요.

을 만들어 봤자 살 사람이 없다는 생각에 투자를 하지 않고 그냥 돈을 쌓아 두고 있는 셈이지요. 이렇게 되면 소비자와 기업 모두가 돈을 사용하지 않으니, 돈은 은행으로 몰려서 마치 창고에 저장되어 있는 것처럼 쌓여 있게 되는 것입니다.

화폐 순환이 필요한 이유

우리 몸에 혈액 순환이 잘 이루어지지 않으면 건강에 이상이 생기는 것처럼, 우리 경제에도 돈의 순환이 잘 이루어지지 않는다면 문제가 생기게 됩니다. 이때 돈이 한 곳에 쌓여 있지 않고 잘 순환하게끔 할 수 있는 방법은 **중앙은행(中央銀行)**이 기준 이자율을 낮추는 것입니다.

기준 이자율은 은행들이 돈을 빌려 주거나 이자를 지급할 때 기준이 되는 이자율을 뜻합니다. 이자율이 낮아지면 은행에 저축을 해도 이자를 많이 받지 못하게 되지요. 그래서 소비자들은 저축을 하기보다는 차라리 돈을 쓰는 것이 더 낫다는 생각을 하게 됩니다.

한편 기업들도 은행에서 낮은 이자율에 돈을 빌릴 수 있기 때문에 투자를 늘리려고 생각할 거예요. 소비가 늘어남과 동시에 기업은 투자를 해서 제품을 **생산(生産)**하려고 하니, 두 박자가 맞아서 경제가 다시 돌아가기 시작하는 것이지요. 이렇게 중앙은행이 기준 금리를 조정해서 경기를 조절하는 정책을 통화 정책이라고 합니다.

중앙은행
한 나라의 중심이 되는 은행으로 통화를 발행하고 기준 이자율을 결정할 수 있는 은행을 뜻하며, 한국의 중앙은행은 한국은행입니다.

생산
생활에 필요한 재화와 서비스를 새로 만들어 내거나, 원래의 가치를 더욱 크게 하는 활동입니다.

그런데 경기 침체가 더 심해져서 앞으로 물가가 계속 하락할 것이라고 예상된다면 어떨까요? 이 경우에는 물건을 사는 것보다 돈을 가지고 있는 것이 더 이득입니다. 물건 값은 점점 더 떨어질 테니까 돈을 가지고 있다가 나중에 쓰는 것이 더 유리하기 때문이지요. 부모님이 비싼 물건을 살 때 당장 사지 않고 세일을 기다렸다가 사는 것을 본 적이 있지요? 모두 마찬가지 이치랍니다.

그런데 모두가 그렇게 행동한다면 경제 전반에 큰 문제를 가져올 수 있어요. 모두가 돈을 안 쓰게 되면 경제 활동이 멈춰 버릴 수가 있기 때문이지요. 이러한 경우, 중앙은행의 통화 정책만으로는 해결하기 어려울 수가 있어요. 정부가 직접 재정 정책을 실행해야 하는 상황이 발생한 것이지요. 그렇다면 이제 경기 변동 상황에서 정부가 어떻게 움직이는지 살펴보도록 합시다.

인플레이션과 디플레이션

물가가 상승하는 현상을 인플레이션이라고 하고, 하락하는 현상을 디플레이션이라고 합니다. 앞에서 이야기한 것처럼, 디플레이션 상황에서는 사람들이 돈을 쓰는 대신 은행에 넣어 두기 때문에 시장에 돈이 돌지 않는 현상이 발생하게 됩니다. 현실적으로 대부분의 국가에서 물가는 지속적으로 상승하는 경향이 있기 때문에, 디플레이션이 나타나는 현상을 관찰하게 되기란 쉽지 않습니다.

일본의 예가 바로 디플레이션을 겪고 있는 유일한 경우입니다. 이

경우에는 중앙은행이 통화 정책을 통해 기준 이자율을 내리더라도,
소비자들이 소비(消費)를 꺼리게 됩니다. 또, 기업들도 점
점 물건 값이 떨어질 것이므로 아예 생산을 못 하게 되는
상황에 직면하게 됩니다. 이런 경우에는 앞에서 설명한
것처럼 중앙은행이 낮은 이자율을 유지하는 통화 정책이
먹혀들지 않는답니다.

소비
물질적 욕구를 만족시키기 위해
소득으로 재화와 서비스를 구입
해서 사용하는 활동입니다.

이는 1920년대에 발생한 경제 대공황의 상황에서 살펴볼 수 있어
요. 물가가 하락하는 디플레이션 상황에서는 이자율을 낮추더라도
소비와 투자로 이어지지 않기 때문에 문제가 생기는 것입니다. 내 친
구인 케인스는 이를 해결하기 위해 정부가 나서야 한다고 주장했어
요. 쉽게 설명하면, 정부가 공공사업을 벌여서라도 직접 돈을 쓸 필요
가 있다는 것이지요.

혹시 시골에서 수동식 펌프를 사용해 본 적이 있나요? 지하에 있
는 물을 수동으로 끌어서 나오게 하는 펌프인데, 처음에 작동시킬 때
물을 한 바가지 정도 부어 주어야 해요. 그다음에 펌프를 계속 누르면
물이 연달아서 나옵니다. 이때 처음 부어 주는 마중물이라고 하는데
요, 정부가 재정 지출을 통해서 쏟아붓는 돈도 이런 마중
물에 해당합니다. 이것을 '유효 수요론'이라고 하는데, 정
부가 나서서 직접 수요를 창출한다는 뜻입니다.

교과서에는
정부는 경제 상황에 따라서 정부
의 지출과 조세 수입의 양을 조
절하여 경제 전체의 총수요를 관
리합니다.

경기 부양책이란?

경기 침체 상황에서 재정 지출을 통해 경제 상황을 개선시키는 정

책을 경기 부양 정책이라고 합니다. '부양'이라는 것은 띄운다는 말이
니까 경기를 띄운다는 말이지요. 경기가 침체되어 있을 때는 일반적
으로 실업이 증가하게 됩니다. 실업이란 사람들이 일할 능력과 일하
려는 의사를 가지고 있음에도 불구하고 취업의 기회가
주어지지 않는 상태를 말하지요. 실업은 사회 경제적으
로 큰 문제이므로 국가적 차원의 도움이 필요합니다.

실업자의 증가는 사회적 불안 요
인으로 작용하기 때문에 정부는
적정한 고용 수준을 유지하기 위
해 많은 노력을 하고 있습니다.

경기가 침체되면 물건을 만들어도 사는 사람이 없으
니 기업 입장에서는 물건을 많이 만들어 낼 수가 없습니
다. 그래서 근로자를 해고하거나 더 이상 고용을 늘리지

않게 되는 것이지요. 이로 인해 실업이 증가하면 소비가 줄어들게 되고, 결국 기업의 투자도 감소하게 되지요. 그러면 다시 실업이 증가하게 되고, 결국 경제는 '실업의 증가 → 소비의 감소 → 투자의 감소 → 다시 실업의 증가'라는 악순환을 거듭하게 됩니다.

애덤 스미스는 '보이지 않는 손'이 시장을 조절해 주기 때문에 자동으로 경제가 돌아간다고 했지만, 이러한 경기 침체 상황에서는 시장의 조절 기능도 제대로 작동하지 못합니다. 바로 이러한 이유로 케인스주의자들이 주장하는 정부의 경기 부양 정책이 시작됩니다. 정부가 나서서 지출을 함으로써 악순환의 연결 고리를 끊어 주는 것이지요.

크게 두 가지 방법이 가능한데, 첫 번째는 실업자들을 대상으로 실업 수당 등을 지급하여 일정 수준의 구매력을 유지시켜 주는 것입니다. 이 경우 실업자들이 계속 물건을 구매할 수 있기 때문에 소비가 감소하는 것을 이전보다는 막을 수 있습니다.

또 하나의 보다 적극적인 방법은 실업 자체를 줄이는 것입니다. 정부가 공공사업을 통해서 고용을 창출해 낼 경우 실업자들이 공공 부문 근로를 통해 월급을 받을 수 있고, 따라서 소비를 계속할 수 있는 것이지요.

이러한 재정 정책은 정부 지출을 통해서만 시행되는 것이 아니라 세입을 조절함으로써 이루어질 수도 있습니다. 지난 시간에 돈을 벌면 소득세라는 것을 내야 한다고 배웠지요? 기업들은 물건을 만들어서 판매함으로써 돈을 벌게 되고, 그 이익에 대한 세금을 정부에 냅니다. 이를 '법인세' 또는 '영업세'라고 부르지요.

정부가 기업 세금과 개인의 소득세를 인하할 경우 재정 지출과 비슷한 효과를 냅니다. 기업은 세금이 낮아진 만큼 절감되는 비용으로 더 많은 사람들을 고용하게 되므로 실업자가 줄어드는 효과를 볼 수 있고, 개인은 세금 감면으로 인해 소득이 늘어나는 셈이 되어 소비를 계속할 수 있게 되는 것이지요.

긴축 재정

흔히 아낀다는 표현을 '허리띠를 졸라맨다'라고 하지요. 앞으로 돈을 써야 할 곳이 많은데 지금까지 너무 많은 지출을 해 왔다면 당연히 돈을 아껴야겠지요? 정부도 이와 마찬가지의 상황에서는 씀씀이를 줄이는 정책을 펴곤 합니다. 이를 긴축 재정이라고 부르는데, '긴축' 이라는 말은 줄인다는 뜻입니다. 정부가 긴축 재정을 펼치는 이유는 여러 가지가 있습니다. 지금부터 하나씩 설명해 보도록 할게요.

지난 시간에 물가가 하락하는 현상을 디플레이션이라고 했지요. 반대로 물가가 오르는 현상은 인플레이션이라고 합니다. 인플레이션은 공급에 비해서 수요가 많기 때문에 생깁니다. 예를 들어서 설명해 보겠습니다.

문구점에 공책이 10권이 있는데 가게 주인은 공책 한 권당 1000 원씩 받고 판매한다고 합시다. 그런데 15명의 사람들이 공책을 한 권씩 사려고 한다면 어떻게 될까요? 결국 10명만 공책을 살 수 있을 거예요. 그런데 갑자기 어떤 한 사람이 "난 공책이 꼭 필요해요. 1200원을 줄 테니 나에게 파세요."라고 말한다면, 문구점 주인은 그 사람한테 우선적으로 공책을 팔겠지요. 그러다 보면 공책의 가격이 오르게 되고, 그 가격이 너무 비싸다고 생각하는 사람은 결국 공책을 사지 않을 거예요. 이를 통해 자동적으로 공급과 수요 간의 균형이 이루어지는 것입니다. 이렇게 물가가 오르는 것은 수요가 증가했기 때문인데, 이것을 '경기가 과열된다.'고 표현합니다.

또 하나 물가가 오르는 원인으로 시중에 유통되는 돈의 양이 많아지는 경우를 들 수 있습니다. 예전이나 지금이나 금을 돈처럼 사용하는 경우가 있지요. 그런데 갑자기 어디에선가 거대한 금광이 발견되어서 금이 아주 많아졌다고 가정해 보세요. 그러면 금의 가치가 이전보다 낮아질 거예요. 마찬가지로 시중에 돈의 양이 많아지면, 돈의 가치가 낮아져서 결국 물가가 오르게 됩니다. 시중에 있는 돈의 양을 통화량이라고 하고요, 앞에서 배운 것처럼 통화량을 조절하는 것을 통화 정책이라고 합니다. 통화 정책은 중앙은행이 기준 이자율을 조절함으로써 이루어집니다. 중앙은행이 기준 이자율을 낮게 책정하는 경우에도 통화량이 많아져서 인플레이션이 일어날 수 있습니다.

인플레이션이 발생한다는 것은 돈의 가치가 낮아지는 것을 의미합니다. 그래서 사람들이 은행에 저축하기보다는 자꾸만 소비를 하게 되고, 생산자는 물건을 팔려고 하지 않는 현상이 발생하지요. 어차피 돈의 가치가 낮아질 테니까, 돈보다는 물건을 가지고 있는 것이 이

득이라고 생각하기 때문이에요. 하지만 이런 상황이 지속되면 디플레이션의 경우와 마찬가지로 정상적인 경제 활동에 어려움이 생기게 됩니다.

　이렇게 되면 또다시 정부가 나서게 되는데, 이때는 긴축 재정 정책을 실행합니다. 아까 경기가 불황일 때 정부가 나서서 총수요를 창출하는 정책을 편다고 했지요? 이번에는 반대로 정부가 지출을 줄여서 총수요를 억제하는 정책을 펼치게 됩니다. 가령, 세금을 올려서 사람들의 돈 씀씀이를 줄이게 한다든가, 정부가 건설하기로 했던 도로나 철도 공사를 연기하는 등의 방법을 주로 사용합니다.

독일의 하이퍼인플레이션

심각한 인플레이션이 일어났던 대표적인 예는 1920년대의 독일의 경우를 들 수 있습니다. 당시 영국에서 대학 교수로 있었던 나는 이런 현상을 유심히 관찰할 수가 있었어요. 당시 독일 정부는 화폐를 마구 찍어 내서 유통시키기 시작했고, 엄청난 인플레이션이 발생했지요.

1921년 1월에 신문 한 부의 가격이 0.3마르크였는데, 1922년 5월에는 1마르크, 1922년 10월에는 8마르크, 1923년 9월에는 1000마르크, 10월에는 2000마르크로 상승했답니다. 지금 우리 경제를 생각

1921년 1월 독일   1923년 10월 독일

하면 상상하기 힘든 일이지요.

이렇게 갑작스럽게 물가가 치솟는 것을 일반적인 인플레이션보다 훨씬 심하다는 뜻에서 '하이퍼인플레이션'이라고 부릅니다. 결국 하루의 빵 값을 지불하기 위해서 수레에 돈을 싣고 가야 하는 상황이 된 것입니다.

그럼 왜 이렇게 갑작스럽게 물가가 상승한 것일까요? 그 이유는 독일 정부가 화폐 발행을 대규모로 늘렸던 데에 있습니다. 제1차 세계 대전에서 패한 독일은 막대한 액수의 전쟁 보상금을 승전국인 영국과 프랑스에 지불해야 했어요. 그 규모가 독일의 국민 총생산의 3배나 되었다고 합니다.

이렇게 어마어마한 배상금을 갚기 위해서 독일 정부는 재정 적자 폭을 확대하였고, 이 재정 적자를 모두 화폐 발행을 통해서 메우려 했습니다. 결국 그 때문에 높은 인플레이션이 발생했는데, 그 정도가 어찌나 심했던지 음식점에 식사를 하러 들어가면, 들어갈 때와 나올 때의 가격이 달랐다고 합니다.

당시 어떤 미국인 관광객이 독일 음식점에서 1달러를 내고 식사를 하고 있었다고 해요. 그런데 종업원이 주문한 것보다 훨씬 많은 음식을 내왔답니다. 그러자 그 관광객이 그렇게 많은 음식을 주문한 적이 없다고 말하자, 종업원이 "손님께서 식사하시는 동안 달러 가치가 올랐기 때문에 음식을 더 가져왔습니다."라고 하더랍니다. 참 믿기지 않는 일이지요? 이렇게 들으면 흥미로운 이야기로 들리겠지만, 당시의 독일 국민들은 이로 인해 상상하기 힘든 경제적 고통에 시달려야 했답니다.

　　결국 독일 정부는 하이퍼인플레이션의 문제를 해결하기 위해 초
긴축 정책을 실시했습니다. 정부의 공무원 수를 1/3으로 줄였으며,
물가가 안정될 때까지 전쟁 배상금의 지불을 연기했습니다. 그리고
화폐 발행을 담당하는 새로운 중앙은행을 설립했는데, 이렇게 설립
된 중앙은행은 정부의 재정 부족을 충당하기 위한 화폐 발행을 하지
않기로 원칙을 정했답니다. 오늘날 대부분의 중앙은행들은 과거 독
일의 예를 교훈 삼아서 물가 상승을 막는 데 중점을 두고 있습니다.

한국의 IMF

교과서에는

우리나라는 1997년 외환 위기
이후 세계 경기의 침체로 인해
극심한 경기 침체를 맞게 되었습
니다.

　　1997년 말에 한국은 큰 외환 위기를 겪었습니다. IMF
는 'International Monetary Fund'의 약자로 '국제 통화
기금'이라고 부릅니다. IMF는 1947년에 설립되었는데,
일시적으로 자금이 부족한 국가에 대해서 자금을 빌려
주기 위해서 만들어졌답니다. 한 국가가 일시적으로 돈
이 부족해서 어려움에 빠진다면 이웃 국가들한테도 영향을 주어서
위기로 치달을 수 있기 때문에, 이러한 일을 예방하기 위해서 만들어
진 것이지요.

　　여기서 외환이란 외국 화폐를 뜻합니다. 미국 달러라고 보면 되지
요. 외환 위기는 한국이 가지고 있는 달러가 부족해서 생긴 문제였답
니다. 당시에는 한국뿐만 아니라 타이, 필리핀, 말레이시아, 인도네시
아 등의 동남아시아 국가들이 모두 외환 위기를 겪었는데요, 그 이유

는 단기적으로 갚아야 하는 달러 빚이 너무 많았기 때문입니다.

돈을 빌렸을 때 1년 후에 갚겠다고 약속하고 빌리면, 갚기까지 1년이라는 시간이 있으니까 그동안 벌어서 갚으면 됩니다. 그런데 3개월 기간으로 빌리는 경우에는 단기간 안에 갚아야 해요. 만약 그 안에 갚을 수가 없으면 은행 측에 돈을 갚는 기간을 연장해 달라고 요청하거나, 아니면 다른 은행에서 빌려 와 메꾸어야 하지요.

그런데 1997년 말에는 한국에 앞서 다른 동남아시아 국가들이 경제 위기를 겪기 시작한 상태였기 때문에, 외국 은행들이 너도나도 우리나라에 빌려 줬던 돈을 돌려받기 시작했답니다. 그 결과 우리나라의 기업들이 많은 돈을 갚을 수가 없어서 파산 위기에 처했지요.

정부가 자기 나라 돈의 가치를 적절하게 조정하는 정책을 환율 정책이라고 하는데요, 환율 정책을 펴려면 적절한 규모의 **외환 보유고**(外換保有高)를 유지하고 있어야 합니다. 이를테면 한국 돈인 원의 가치가 너무 낮아질 것 같은 경우, 한국 정부는 보유하고 있던 달러화를 외환 시장에서 원화와 바꿉니

> **외환 보유고**
> 정부가 비상시를 대비해서 가지고 있는 외국 돈을 뜻합니다.

다. 그렇게 되면 외환 시장에서 달러화는 많아지고 원화는 줄어들기 때문에 원화의 가치가 다시 올라가게 되는 것이지요.

이처럼 환율 정책을 펴기 위해서는 달러를 미리 확보하고 있어야 하는데 이것 바로 앞에서 이야기한 외환 보유고입니다. 1997년 말에 한국의 외환 보유고는 거의 바닥 상태였어요. 결국 IMF라는 국제 기구에서 돈을 빌려 와야 했지요. 그런데 IMF는 돈을 빌려 줄 때 정부에 여러 가지 조건을 내걸곤 합니다. 이는 정부가 경제 정책을 충실하게

펼치지 못해서 이런 일이 벌어졌다고 판단하기 때문이지요. 그 대표적인 조건이 긴축 재정입니다.

정부가 빚이 많으면 국가가 파산하게 될 우려가 있어요. 또한 시중에 돌고 있는 화폐의 양을 조절하기 위해서는 긴축 재정이 필요하지요. 한국은 IMF의 조건을 받아들임으로써 많은 사회적 어려움을 감수해야 했습니다. 정부가 지출을 줄임으로써 그동안 정부에 의해서 제공되던 일자리나 사회 복지 혜택들이 줄어들게 되었지요. 또한 각 기업에서 시행된 강력한 구조 조정으로 인해, 많은 사람들이 일자리를 잃고 거리로 내몰리게 되었어요. 이로 인해 국민들은 많은 어려움을 겪어야 했답니다.

재정 적자로 인한 경제 문제

나라도 빚을 지나요?

소득보다 지출이 많을 때 적자가 난다고 하지요. 적자가 난다는 것은 결국 빚이 늘어난다는 것입니다. 따라서 소득에 비해 너무 많은 소비를 해서는 안 되겠지요. 정부도 마찬가지랍니다. 사실 재정 적자 문제는 대부분의 나라들이 조금씩은 가지고 있습니다. 문제는 그것이 나라 경제를 위협할 만큼 늘어나는 경우이지요.

예를 들어, 한 개인에게 있어서 수입보다 지출이 많은 경우를 생각해 보면 쉽게 알 수 있을 것입니다. 한 달에 100만 원을 버는 사람이 있다고 합시다. 이 사람이 이번 달에는 돈을 쓸 일이 많아서 200만 원을 쓰게 되었다면 어떻게 될까요?

이 사람은 예전에 은행에 맡겨 두었던 저축에서 50만 원을 가져다 쓰고 나머지 50만 원을 또 어디선가 빌려서 써야 하겠지요. 이때 저축이 없다면 수입보다 많은 지출 때문에 결국 더 많은 빚을 져야 하고, 이 빚은 언젠가는 갚아야 합니다. 조금 어렵게 말하면 현재의 지출을 위해서 미래의 수입을 앞당겨서 쓰는 셈이지요.

한 나라의 재정도 마찬가지랍니다. 나라가 세금 수입보다 지출이 많은 경우를 재정 적자 상태라고 하는데, 재정 적자는 결국 빚을 내어 메꾸어야 합니다. 그리고 결국 이 빚은 나중에 국민들에게서 더 많은 세금을 걷거나, 정부가 재정 지출을 줄여서 갚아 나가야 하기 때문에 미래의 재정에 부담이 됩니다.

국가의 빚은 정부 부채 또는 국가 채무라고 부릅니다. 적자 예산을 집행하기 위해서 정부는 돈을 빌려 와야 하는데, 주로 정부가 국채를 발행하는 형식으로 이루어집니다. 국채란 정부가 일정 기간이 지난 후 얼마를 주겠다고 약속하고 발행하는 증서입니다.

예를 들어, 정부가 도로를 만들기 위해서 1000억 원이 필요하다고 가정해 봅시다. 정부는 일종의 약속이 적힌 문서를 발행하는데, 이 문서에는 '정부에 1000억 원을 빌려 주면, 1년 후에 5%의 이자를 주겠다.'라는 약속을 적습니다. 그 국채를 1000억 원을 주고 사는 사람들은 1년 후에 정부로부터 원금 1000억 원에 이자 50억 원(1000억 원의

5%)이 더해진 1050억 원을 돌려받는 것이지요. 이러한 증서를 국채라고 부릅니다.

그런데 재정 적자가 계속 늘어난다면 어떻게 될까요? 우선 앞에서 설명한 대로 정부가 허리띠를 졸라매고 씀씀이를 줄여야 하겠지요. 그리고 세금을 올려야 합니다. 그런데 정부 지출을 줄이고 세금을 올리는 일은 쉽지가 않습니다.

정부 지출을 줄이려면 정부가 계획하고 있던 도로 건설, 사회 복지 사업들을 줄여야 합니다. 그렇게 되면 이로 인해 혜택을 누릴 수 있던 기업들과 근로자들, 그리고 가난한 사람들의 생활이 어려워지겠지요.

세금을 올리는 일도 마찬가지예요. 투자를 계획하고 있던 기업들이 세금 부담 때문에 투자를 취소할 수도 있고, 일반인들도 세금을 더 내야 하기 때문에 소비를 줄이게 됩니다. 따라서 정부가 지출을 줄인다든가 세금을 인상하려고 할 경우 국민들이 달가워 하지 않겠지요. 이런 이유로 당장 재정 적자가 있을 경우 정부는 재정 규모를 줄이기보다는 국채를 발행하는 방법을 택하게 됩니다.

나라의 빚, 누가 갚아야 할까?

자, 이렇게 생각해 보도록 해요. 만약에 우리에게 빚이 있으면 누가 갚아야 하나요? 당연히 우리들 스스로가 갚아야 하지요. 이때 내가 빚이 있다는 사실이 다른 사람들에게 알려진다면 그들은 이렇게 생각할 거예요. '아, 저 친구는 빚이 있으니까, 앞으로 다른 씀씀이를 줄여야 할 상황에 처하겠구나. 그리고 앞으로 저 친구에게 돈을 빌려

주면 안 되겠어.'

나라에 빚이 많은 경우도 마찬가지예요. 이미 갚아야 할 빚이 많아지면 또 다시 빚을 내기가 어려워지지요. 그리고 어차피 갚아야 할 빚이기 때문에 미래의 세금 인상으로 이어지게 된답니다. '세금을 인상한다지만 어차피 나중 일이니까 나중에 생각하도록 하지 뭐…….' 하고 생각하는 사람이 있을지도 모르겠어요. 하지만 대부분의 사람들은 합리적인 경제인이기 때문에, 재정 적자가 결국 나중에 과도한 세금으로 이어질 것이라는 점을 알고 있답니다.

이 경우 소비가 위축되어서 경기가 안 좋아질 수 있습니다. 또한 방금 설명한 국채에 투자한 사람들도 과도한 적자로 인해 나중에 정부 재정이 어려워지리라는 것을 금방 안답니다. 따라서 다음부터는 정부에서 국채를 발행할 때 이자를 더 준다고 약속해야만 투자자들이 그 국채를 삽니다. 왜냐하면, 나라 빚이 증가한다는 것은 그 나라가 빚을 갚을 능력이 점점 없어진다는 것을 의미하거든요. 예를 들어 빚이 너무 과도한 나머지 국채를 발행한 정부가 국채를 못 갚겠다고 선언해 버리면 국채는 휴지 조각으로 변해 버릴 수 있어요. 따라서 위험부담을 안고 국채를 사게 되는 만큼 국채 투자자들은 정부에 반대급부로 더 많은 이자를 줄 것을 요구한답니다. 결국 한번 빚이 생기기 시작하면 계속 빚이 늘어 갈 수 있기 때문에, 정부 입장에서는 매우 조심할 필요가 있습니다.

대한 제국의 국채 보상 운동

● 고종 황제의 모습

내가 영국의 사회 복지 기관에서 일하던 1907년, 한국은 일제에 합병되기 직전인 암울한 상황이었답니다. 당시에 한국의 정식 국호는 대한 제국이었어요. 1905년에 일본은 대한 제국에 을사조약이라는 협정을 체결할 것을 강요했는데, 결국 고종의 재가도 없이 일본에 의해 강제적으로 조약이 맺어졌지요. 이 협정으로 인해 한국은 외교권을 박탈당했답니다. 이로써 '한국은 독립된 나라다.'라고 국제적으로 주장할 수 없게 된 것이지요.

당시 일제는 한국에 대해 강제로 일본의 차관을 빌려서 쓰게 만들었답니다. 즉 대한 제국 정부가 일본 정부에 빚을 지게끔 만들었던 것으로, 그 규모가 1300만 원에 달했다고 합니다. 그 당시 1300만 원은 대한 제국 정부의 1년 예산에 해당하는 액수였어요.

이렇게 차관을 받음으로써 경제가 점점 일본에 종속되어 갔던 것이지요. 게다가 이 돈은 정부가 계획한 대로 쓰인 것이 아니라, 일본이 요구하는 철도 건설 등에 쓰였답니다. 철도 공사는 일본 회사들이 맡았으니까, 결국 돈이 일본으로 다시 흘러 들어간 셈이지요.

상황이 이렇게 되자 그냥 보고만 있을 수 없었던 한국인들이 먼저 대구에서 '국채 보상 기성회'라는 단체를 만들어서 국채 보상 운동을 전개했어요. 이 운동은 곧 전국으로 확산되었지요. 국채 보상 운동이란 '금 모으기 운동'과 비슷한 것이었어요. 너도나도 돈이 될 만한 물건들을 내놓아 그걸 모아서 나라의 빚을 갚고자 했던 것이지요. 이를 위해 한국인들은 집에 가지고 있던 금비녀, 가락지 등을 다 꺼내어 들고 나왔답니다.

이 국채 보상 운동에 대해 국채 보상 기성회를 중심으로 각종 언론 단체들이 홍보하게 됩니다. 대표적인 신문으로 『대한매일신보』가 있는데요, 이 신문은 영국인 어니스트 베델(Ernest Thomas Bethell)이 만든 것으로 항일 의병 투쟁에 대한 기사를 많이 실

● 『대한매일신보』

었습니다. 신문의 관리자가 영국 사람이었기 때문에 일본이 함부로 건드리지 못했지요. 다음의 글은 당시 신문에 실렸던 「국채 보상 운동 취지서」입니다.

〈대한매일신보 1907년 2월 21일자 국채 보상 운동 취지서〉

"지금 우리들은 정신을 새로이 하고 충의를 떨칠 때이니, 국채 1300만 원은 우리나라의 존망에 직결된 것입니다. 이것을 갚으면 나라가 보존되고 갚지 못하면 나라가 망함은 필연적인 사실이나, 지금 국고에서는 도저히 갚을 능력이 없으며, 만일 나라가 못 갚는다면 그때는 이미 삼천리 강토는 내 나라 내 민족의 소유가 못 될 것입니다. 국토가 한번 없어진다면 다시는 찾을 길이 없을 뿐만 아니라, 어찌 베트남 등의 나라와 같이 되지 않을 수 있겠습니까? 일반 인민들은 의무라는 점에서 보더라도 이 국채를 모르겠다고는 할 수 없을 것입니다. 그런데 이를 갚을 길이 있으니 수고롭지 않고 손해 보지 않고 재물을 모으는 방법이 있습니다. 2000만 인민들이 3개월 동안 흡연을 금지하고, 그 대금으로 한 사람에게 매달 20전씩 거둔다면 1300만 원을 모을 수 있을 것입니다. 만일 그 액수가 다 차지 못하는 일이 있더라도, 응당 자원해서 1원, 10원, 100원, 1000원을 특별 출연하는 사람도 있을 것입니다."

1997년 금 모으기 운동

● 나라 사랑 금 모으기 운동 캠페인

국채 보상 운동이 있은 지 90년 후, 한국에는 또 한 번의 국채 보상 운동이 있었답니다.

혹시 여러분은 '금 모으기 운동'을 기억하는지 모르겠어요. 부모님께 물어 보면 대번에 아실 거예요. 우리나라가 1997년에 IMF 구제 금융을 받은 적이 있다고 했지요? 한국이 외국에 진 빚이 많다는 것이 알려지자, 시민들이 너도나도 가지고 있던 금을 내놓아 모으기 시작했어요.

물론 공짜로 기부한 것은 아니고 금에 해당하는 가격을 받은 것이었어요. 당시 한국은 달러가 모자랐고 금은 달러와 쉽게 바꿀 수 있었기 때문에, 많은 사람들이 장롱 속에 있던 금붙이들을 들고 나온 거예요. 당시 전국적으로 349만 명이 참가했는데, 이 운동을 통해서 약 21억 달러(2조 5000억 원)를 모을 수 있었답니다. 이때의 금 모으기 운동은 온 국민이 힘을 모아서 국가적인 어려움을 이겨 내고자 했던 대표적인 사례입니다.

정부는 어떻게 재 정을 활용할까요?

정부는 국민들의 기본적인 삶의 질을 평생 보
장해 줄 의무가 있다고 말합니다. 이는 큰 정부
의 역할을 강조한 것으로, 작은 정부의 역할과
비교되는 개념입니다.

최근 5년 동안의 수능과 유명 대학교의 논술 연계

2011년도 수능(경제) 8번, 9번
http://www.kice.re.kr/ko/board/view.do?article_id=91672&menu_
id=10089&board_id=10153

일자리를 찾아 주는 정부

존은 영국의 웨일스 지방에 살고 있습니다. 이 지방은 전통적으로 섬유 산업이 발달한 곳이에요. 그래서 옷을 만드는 데 쓰이는 다양한 천을 생산해 내는 공장들이 많이 있어요.

　존은 고등학교를 졸업하고, 잠시 제빵 학교에 들어가서 빵 만드는 기술을 배웠어요. 그리고 동네의 제법 큰 빵 가게에 일자리를 구할 수 있었지요. 빵 가게에는 주인을 비롯해서 빵을 만드는 직원들이 다섯 명 정도 있었습니다. 식탁에 따뜻한 빵을 놓기 위해 아침에 빵을 사러 오는 사람들이 많았기 때문에, 이들은 새벽 4시부터 빵을 구워야 했답니다. 하지만 오후 3시 정도면 일을 마치고 퇴근할 수 있었기 때문에 제법 괜찮은 일이었어요. 일주일에 100파운드 정도 주급을 받았는데, 어머니에게 가져다 드리면 동생들을 학교에 보내는 데 보탤 수 있이기 많은 도움이 되었습니다.

그런데 어느 땐가부터 이 지역에 있는 공장들이 하나둘 문을 닫기 시작했어요. 영국에서는 물가가 점점 오르는데, 아시아 지역에서 더 싼 가격에 질 좋은 옷감들이 수입되어 들어오기 시작했기 때문이에요. 공장들이 떠나게 되자, 존이 일하던 빵 가게도 손님들이 줄기 시작했습니다.

어느 날 사장님이 존에게 더 이상 직원들을 다섯 명이나 쓸 수는 없다고 말하면서 나이가 제일 어린 존에게 일을 그만두라고 했어요. 다른 사람들은 오랫동안 이곳에서 일해 왔기 때문에 해고하기가 어려웠던 거지요. 또, 모두 부양 가족이 있기 때문에 직장을 잃으면 가족들이 어려워지는 상황이어서 먼저 존을 해고할 수밖에 없다는 것이었어요.

존은 복잡한 마음으로 집에 돌아왔어요. 어머니는 직장을 잃은 존에게 지역 정부에서 운영하는 취업 정보 센터에서 일자리를 알아보는 것이 어떻겠냐고 말씀하셨지요. 존은 취업 센터에 가서 일자리를 상담하고, 자신이 일할 수 있는 분야와 지역 등에 대해서 적어 두고 왔어요.

얼마 후 취업 정보 센터에서 존에게 연락이 왔어요. 런던에 있는 빵 공장에서 사람을 뽑는다는 것이었지요. 게다가 다른 지역에서 이주해 올 경우 이사와 관련된 지원금도 준다는 조건이었어요. 존은 당장 달려가서 면접을 봤고, 다행히도 그곳에 취직이 되어서 이제는 런던에서 빵을 만들고 있답니다.

베버리지가 들려주는 재정 정책 이야기

정부의 고용 정책

존의 이야기에서 볼 수 있듯이, 정부는 일자리가 없는 사람들을 돕기 위해서 여러 가지 정책을 펼칩니다. 이렇게 정부가 나서서 일자리를 만들어 내는 것이 왜 중요할까요? 지금부터 정부의 고용 정책에 대해서 살펴보기로 해요.

내가 영국의 사회 복지 기관에서 책임자로 있으면서 느낀 점이 있어요. 실업 문제는 단순하게 생각할 일이 아니라는 점이에요. 일할 나이가 되었는데도 일자리를 구하지 못한 어른들은 커다란 고통을 겪는답니다. 또한 실업자는 단순히 생활 수단을 잃었다고 느끼는 데서 더 나아가 사회에서 자신의 존재 이유를 잃어버렸다고 느끼게 되지요. 대부분의 사람들은 일을 함으로써 자신의 존엄성을 유지해 나가고자 하기 때문이에요.

따라서 단순한 지원 차원의 복지 정책으로는 사람답게 살기 위해 필요한 자존심을 회복시켜 주기 어렵습니다. 결국 실업자들에게 일자리를 되찾아주는 것이 그들의 자존심을 회복시켜 주고 사회에서 떳떳하게 살아갈 수 있게 해 주는 것이랍니다.

일자리를 잃으면 사람들은 스스로 자꾸만 초라하게 느낍니다. 궁핍한 건 그럭저럭 견디지만, 진짜 힘든 건 자꾸 자신감이 사라지는 것이지요. 꿋꿋하게 직장에 남아서 거듭 승진하는 동료들, 대학 졸업하고 어엿한 직장에 취직한 친구들 앞에서 그들은 자꾸 기가 죽습니다.

실업은 자존심만 깎아내리는 것이 아니라, 사회의 통합마저 가로

띱습니다. 사람들은 일을 통해 기회에 기여하고 삶의 의미를 찾습니다. 그런데 자의에 의해서든 타의에 의해서든 그런 기회를 박탈당한 사람들이 많아지면 사회 통합도 점점 어려워집니다. 따라서 정부가 적극적으로 나서서 일자리를 만들 필요가 있는 것이지요. 그렇다면 어떻게 일자리를 창출할 수 있을까요?

우리가 지난 시간에 배웠던 정부의 경기 부양 정책을 잠시 떠올려 주시기 바랍니다. 경기가 침체되어 있을 때에는 정부가 여러 가지 공공 사업들을 추진할 수 있었지요? 바로 이를 통해서 일자리를 만들어 내는 것입니다.

예를 들어, 사회 복지 분야에서 일자리를 만들어 낼 수 있어요. 양로원이나 어려운 사람들을 방문해서 돕는 사회 복지사 같은 직업을 가질 수 있도록 정부가 지원해서 교육을 시켜 줄 수 있어요. 이를 통해 실업자들은 일자리를 얻을 수 있고, 거동이 불편한 사람들은 도움을 받을 수 있으니 일석이조가 될 수 있겠지요.

또는 기업이 더 많은 사람을 고용할 수 있도록 한 사람을 더 고용할 때마다 세금을 깎아 주는 것도 한 방법일 것입니다. 정부는 이렇게 다양한 방법으로 일자리를 창출함으로써 실업으로 인한 다양한 문제들을 해소하는 데 앞장서야 할 의무가 있답니다.

국민의 복지를 생각하는 적극적인 정부

드디어 내가 가장 많은 노력을 기울였던 복지 정책에 대해서 설명할 차례가 왔군요. 복지 정책은 국가가 세금을 거두어들인 후에 이를 모두에게 골고루 배분해 주는 정책이라고 볼 수 있습니다. 주로 선진국에서 많이 발달했지요.

처음에 수업을 시작하면서 내가 영국의 복지 제도 확립을 위해 노력했다는 이야기를 했었지요? 1942년에 『베버리지 보고서-사회 보험 및 관련 서비스Social Insurance and Allied Services, Reported by William Beveridge』란 이름의 보고서를 발표했는데, 이 보고서에서 '요람에서 무덤까지'라는 개념을 사용했답니다.

당시에는 제2차 세계 대전이 한창이었어요. 전쟁 때는 모든 것이 궁핍해지고 혼란스럽기 마련이지요. 전쟁이 끝난 직후에 사람들은 하루 속히 사회 질서가 확립되어 안정적인 생활을 할 수 있기를 바랐답니다. 바로 그 무렵 나는 전 국민이 혜택을 누릴 수 있는 전 국민 보험 제도의 확립을 주장했고, 그 결과 '사회 보장성'이라는 기관이 설립되었습니다.

보험(保險)이란 평상시에 얼마씩 떼어 따로 모아 두었다가, 어려운 일이 생겼을 때 보험금을 받아 사용할 수 있게 한 거잖아요. 영국에 생긴 국민 보험은 부자든 가난한 자든, 회사의 사장이든 근로자든 누구나 가입할 수 있는 제도였어요.

> **보험**
> 예상할 수 없는 위험이나 사고에 대비해서 해 두는 경제적 준비의 한 형태입니다. 많은 사람이 미리 일정한 보험료를 적립해 두었다가 사고를 당한 사람에게 제공해 주는 제도입니다.

내가 이러한 일에 앞장섰던 이유는 당시 영국의 사회적 배경과도 관련이 있답니다. 영국은 원래 귀족 사회였어요. 그런데 만약 부(富)가 귀족들에게만 집중되고 일반 서민들은 가난하게 살 수밖에 없다면 그 사회는 유지되기 힘듭니다. 그래서 국민이 태어나면 사망할 때까지 국가가 책임지고 복지를 보장해 주는 사회를 만들어야 한다고 주장한 것입니다.

결국 제2차 세계 대전 이후 많은 유럽 국가들이 복지 정책을 강화하는 복지 정부를 지향해 왔답니다. 예를 들어 영국에서 아이가 태어나면 그 부모에게는 보조금이 지급되고, 또 아이를 키우면서도 일을 병행할 수 있도록 탁아 시설이 제공됩니다. 아이가 자라면 학교에서 무상으로 교육을 받을 수 있고, 만약에 아파서 병원에 가야 할 경우에도 무료로 치료받을 수 있답니다. 이것은 모두 영국의 의사들 대부분이 공무원이고, 병원 또한 국·공립으로 정부에서 운영하기 때문에 가능한 일이지요.

또한 직장이 없는 경우 국가에서 취업을 알선해 주기도 합니다. 일정 기간 동안은 보조금을 지급해 최소한의 생활을 유지할 수 있도록 해 줍니다. 그리고 노후에는 모두 연금을 받고 생활하지요.

이러한 복지 정책에는 물론 부작용도 있습니다. 정부가 돈을 쓰기 위해서는 세금을 거두어야 한다고 했지요? 정부가 사회 복지 정책으로 지출하는 돈이 많은 만큼 세금도 많이 내야 한답니다. 영국은 현재 사회 보장에 국민 총생산의 23%를 쓰고 있습니다. 이에 비해 한국은 5%만 쓰고 있다고 합니다. 그러니까 영국 시민들이 세금을 더 많이 내고 있는 것이지요.

여기서 예상해 볼 수 있는 것은, 정부가 국민의 복지에 관해 선택할 수 있는 방법은 크게 두 가지라는 것입니다. 세금을 많이 걷어 복지를 강화하거나, 아니면 세금을 적게 걷는 대신에 복지 정책을 축소하는 것입니다. 어느 쪽이 더 좋다고 말할 수는 없겠지요. 하지만 정부가 적극적으로 나서서 약한 사람들을 보살펴 주는 것은 분명히 바람직한 일입니다.

정부의 역할은 어디까지일까요?

● 존 메이너드 케인스(왼쪽)와 프리드리히 하이에크(오른쪽)는 각각 큰 정부와 작은 정부를 주장하는 대표적인 경제학자였습니다.

이제 정부의 복지 정책에 대해서 어느 정도 이해가 되었지요? 마지막으로 정부의 역할에 대해서 생각해 보도록 해요. 정부의 역할을 어디까지로 정하느냐에 따라 '큰 정부냐 작은 정부냐' 하는 논란이 있습니다.

이를 좀 더 쉽게 설명하자면, 큰 정부는 정부가 국민들에게 가능한 한 많은 것을 제공해 주는 정부를 말합니다. 많은 것을 주려면 당연히 정부가 커야겠지요. 반면에 작은 정부는 정부가 국민들의 생활에 최소한의 규칙만 제시해 주고 크게 관여하지 않는 형태를 말합니다.

선진국에서는 큰 정부를 추구하느냐, 작은 정부를 추구하느냐에 따라 정부의 재정 정책에도 큰 차이가 생기기 때문에 여러 가지 논란이 있어 왔답니다. 먼저 큰 정부를 주장하는 쪽의 논리를 들어 보도록 할까요?

우리는 모두 어느 정도 개인주의적인 성향이 있어요. 이러한 성향이 극단적으로 갈 때 자유방임주의하에서는 여러 가지 문제점들이 발생할 수 있습니다. 단적인 예가 가난한 사람은 더 가난해지고 부자는 더 부자가 되는 '부익부 빈익빈' 현상입니다. 부자들은 가진 자본을 이용하여 부를 크게 늘려 가는 데 비해 가난한 사람들은 더욱 가난해져, 날이 갈수록 격차가 더 벌어지게 되지요. 그런데 부자들이 스스로 가난한 사람에 대해서 신경을 쓰지는 않기 때문에, 가난한 계층에 대한 보호가 큰 사회적 문제로 떠오르게 됩니다.

이 문제를 해결하기 위해서는 정부가 사회 구성원들의 복지 증진을 정부의 중요한 임무로 생각해야 합니다. 그리고 이를 위해서 정부의 재정을 사용할 필요가 있어요. 그렇게 한다면 부자와 가난한 사람 간에 차이가 크게 벌어지지 않도록 도울 수 있답니다.

일단 여기까지는 좋은 얘기인데 문제점도 있어요. 앞에서도 이야기했듯이, 정부가 다양한 복지 사업에 돈을 쓰려면 그만큼 돈을 거두어야 하거든요. 그러기 위해서는 세금을 올려야 하는데, 자신이 번 돈에서 세금을 너무 많이 거두어 가면 열심히 일하고자 하는 마음이 사라지게 되지요. 또한 일하지 않아도 정부의 지원이 있어 크게 불편하지 않으니 사람들이 일을 잘 안 하게 되는 결과가 발생하기도 합니다.

반면 작은 정부는 시장을 중시하는 정부를 뜻합니다. 여기에서는 국가의 역할을 치안 유지나 외교, 국방에 한정하고 최소한의 공공 사업에 국한하는 경향을 보입니다. 이 관점에 의하면 정부의 규모를 축소하여 지출을 줄이고, 나머지 부분은 개인의 자유와 시장에 맡기는 것이 바람직하다고 주장할 수 있답니다.

18세기에 등장했던 국가 개념 중에 '야경 국가'라는 것이 있습니다. '야경'은 밤에 도둑이 못 들어오게끔 지킨다는 것인데, 국가의 역할을 도둑을 방지하는 것 정도로 작게 보는 것입니다. 이러한 경우 장점은, 개인들의 자율성에 맡겨진 만큼 정부에 많은 세금을 낼 필요가 없다는 점입니다. 또한 개인의 자발적인 노력이 강조되기 때문에, 무작정 다른 사람의 도움을 기다리는 현상이 줄어듭니다. 하지만 시장의 역할에 모든 것을 맡기고 정부가 최소한의 역할만 하다 보면 사회적 약자에 대한 방기 등 부작용이 발생하게 됩니다. 따라서 정부가 사회 · 경제의 문제에 적절히 개입하는 것도 필요하답니다.

우리나라에 필요한 재 정 정책으로는 어 떤 것들이 있을까요?

정부는 재정 정책을 통해 국민에게 다양한 복지를 제공합니다. 이를 위한 정부의 정책으로 대표적인 저출산 대책, 연금 정책, 통일 문제 등을 살펴봅시다.

저출산 대책

여러분은 형제, 자매가 얼마나 되나요? 외아들, 외동딸이 많을 것 같은데, 혹시 동생이나 형, 누나가 있는 친구들이 부럽다고 생각해 본 적이 있나요? 예전에는 자녀가 많은 가정이 대부분이었답니다. 아마 여러분의 할아버지, 할머니 중에는 형제가 다섯 명, 심지어 열 명 가까이 되는 분들도 많을 거예요.

특히 한국은 전통적으로 농경 사회였고, 농사를 짓기 위해서는 노동력이 많이 필요했기 때문에, 자녀를 많이 낳는 것이 일반화되어 있었답니다. 그러다가 한국의 산업화가 진행되기 시작하던 1970년대부터 한 가족당 자녀의 수가 줄기 시작했습니다. 사실 경제가 발전함에 따라 여성 한 명당 출산하는 자녀의 수가 줄어드는 것은 대부분의 나라에서 나타나는 공통된 현상이에요.

● 1975년에 나온 포스터입니다. 우리나라 인구가 많다고 생각되던 시절, 두 자녀만 갖자는 공공 캠페인이 있었답니다.

한국의 경우, 1970년대부터 정부가 적극 나서서 '둘만 낳아 잘 기르자.'며 산아 제한 정책을 실시하기 시작했어요. 즉, 아이를 적게 낳자는 것이지요. 이러한 정책은 1980년대에 들어서면서 더욱 적극적으로 되었답니다. 당시에 자녀를 많이 낳는 원인으로 한국의 전통적인 남아 선호 사상이 지목되었어요. 그래서 '잘 키운 딸 하나 열 아들 안 부럽다.'라는 표어가 나오기도 했답니다.

이러한 정책으로 인해 한국의 출산율은 해마다 떨어져 왔습니다. 출산율은 아이를 낳을 수 있는 나이의 여성이 출산한 평균 아기 수를 뜻합니다. 1970년에 4.53명이었던 출산율은 15년 후인 1985년에는 1.67명 수준으로 떨어졌습니다. 오늘날 한국의 출산율은 1.15명으로 한국과 경제 수준이 비슷한 국가들 중에서 제일 낮은 수준입니다. 일반적으로 인구가 현 상태로 유지되기 위해서는 출산율이 1.9가 되어야 한다고 합니다. 한국의 경우는 점점 인구가 줄어들게 되는 것이지요.

이렇게 출산율이 낮아져서 인구가 감소하게 된다면 인구가 점점 고령화될 것입니다. 인구 중 노인의 비중이 높아진다는 뜻이지요. 게다가 의학이 점점 발전하고 있기 때문에 평균 기대 수명도 높아지고 있습니다. 물론 할아버지, 할머니는 우리가 존경해야 할 분들이고, 이분들이 오래 사실수록 좋은 것입니다.

오래 살게 된 건 물론 좋은 일이지만, 인구가 고령화되면 중요한 문제가 한 가지 발생합니다. 일을 할 수 있는 사람이 적어진다는 것입니다. 노동 가능 인구라는 용어가 있어요. 보통 15~65세 사이의 인구로, 일을 할 수 있는 나이의 사람들을 뜻합니다. 사실 사회 전체적으로 보면 이 나이에 속하는 사람들이 일을 한 덕분에 어린이나 노인들이 일을 하지 않고도 살아갈 수 있는 거예요.

그런데 일을 할 수 있는 사람들이 점점 적어진다는 것은 그만큼 젊은 층이 일을 더 많이 하거나, 사회 전체가 생산해 낼 수 있는 생산물의 양이 적어진다는 것을 의미해요. 결국 노동 가능 인구를 늘리려면 출산율을 높여야 합니다. 아기들이 많이 태어난다면 이 아기들이 자라서 일을 할 수 있게 될 거고, 사회가 유지되는 데 필요한 물품을 생산해 낼 수 있을 것입니다.

그렇다면 어떻게 해야 출산율을 높일 수 있을까요? 해답을 얻기 위해서는 출산율이 하락한 원인을 찾아보면 됩니다. 먼저, 사회적으로 여성들이 일하는 비중이 늘어났다는 점을 그 원인으로 뽑을 수 있어요. 예전에 엄마들은 집에서 아이를 키우고 살림을 도맡는 전업 주부들이 많았답니다. 따라서 자녀를 많이 출산하더라도 양육하는 데 큰 어려움이 없었어요. 물론 자녀 양육이 결코 쉬운 일이 아니지만, 지금처럼 맞벌이가 일반화되지 않았기 때문에 상대적으로 출산율이 높았던 것이지요. 자녀가 학교에 가는 것을 챙겨 주면서 집안 살림을 모두 맡아서 하도록 성 역할이 구분되던 시절이었으니까요. 그리고

내가족이 한네 보여 실었기 때문에, 밀아버지, 밀머니께서 손자들을
봐 주시기도 했답니다.

그런데 여성들의 사회 진출이 점점 늘어나면서, 결혼을 늦게 하는
여성들이 많아지게 되었어요. 또 결혼을 하더라도 직장 생활을 이유
로 출산 연령이 높아지고, 심지어 자녀를 갖지 않는 무자녀 가정도 생
겨나기 시작했지요. 이러한 현상은 세계 모든 나라에서 나타나고 있
었답니다. 특히 유럽 국가들은 한국보다 먼저 이런 현상을 겪었지요.

두 번째 이유는, 자녀를 양육하는 비용이 점점 늘어난다는 점이에
요. 사실 여러분이 학원을 다니고 좋은 옷을 입게 될수록, 부모님께서
는 더 많이 일해야 한다는 결론이 나옵니다. 게다가 물가 상승으로 생
활비도 늘어나게 되어서 부모님 모두 직장에 나가 일을 해야 가계가
유지되는 실정이에요. 때문에 자녀를 낳고 양육할 수 있는 시간적인
여유가 적어졌답니다. 이외에도 실업이 증가해서 안정적인 직장을
구하기가 어려워진 점이나, 개인 생활을 선호하는 남녀가 늘어나면
서 결혼 적령기가 늦어진 점도 원인으로 꼽을 수 있어요.

그렇다면 이러한 상황에서 정부는 어떻게 하면 좋을
까요? 결국 자녀를 키우면서 직장 생활을 같이 해 나갈
수 있는 여건을 만들어 주어야 합니다. 여기에 국가 재정
정책의 필요성이 있답니다. 예를 들어, 정부가 나서서 탁
아소를 운영해 주고 출산 관련 비용을 지원해 준다면 여
성들이 자녀를 출산하고 양육하는 데 많은 도움이 되겠
지요.

유럽에서는 정부가 나서서 적극적으로 출산 및 양육과 관련해 지원을 해 주고 있습니다. 대표적인 나라가 바로 프랑스입니다. 프랑스에서는 출산 후 자녀가 걸음마를 할 수 있을 때까지 휴가를 받아서 아이를 키우는 일에 전념할 수 있습니다. 물론 그 기간에도 월급을 받을 수 있고, 장기간의 휴가 후에 다시 일터로 복귀하는 데에도 어려움이 없습니다. 또한 정부에서 아주 저렴한 가격으로 탁아소를 운영하고 있기 때문에 부담 없이 자녀를 맡길 수가 있지요. 게다가 자녀가 많을 경우 학비 지원은 물론 학용품 살 돈까지 정부에서 지원해 준답니다. 그래서 프랑스에서는 세 명 이상의 자녀를 키우면서도 활발하

게 직장 생활을 하고 있는 어머니들이 많답니다.

한국도 현재 저출산·고령화 대책으로 막대한 규모의 재정을 출산 및 양육의 지원에 투입하고 있습니다. 최근 한국 국민들을 대상으로 한 설문 조사에 따르면, 국민 10명 중 3명은 저출산 문제 해결을 위해 더 많은 세금을 낼 각오를 하고 있다고 합니다. 그만큼 국민 모두가 이 문제를 심각하게 받아들이고 해결하겠다는 의지가 있으니 매우 다행스러운 일입니다. 그런데 유럽이나 일본의 사례를 보면 출산율은 단기간에 높이기가 어렵다고 합니다. 때문에 정부 차원에서 다양한 방법을 통해서 장기간 정책을 시행해야만 효과가 있을 것입니다.

연금 정책

우리가 공부를 시작할 때 '요람에서 무덤까지'라는 얘기를 했는데요. 요람은 아기들이 누워 있는 침대니까 태어나서 자라는 과정을 말하는 것이고, 무덤은 노후 생활을 의미합니다. 노후 생활이라고 하면 한마디로 노인이 된 이후의 생활이라고 보면 됩니다. 젊을 때는 많은 일을 할 수 있지만, 나이가 많아지면 일을 할 수 없게 됩니다. 이때 정부가 나서서 노후 생활을 보장해 준다는 것이지요.

여러분은 혹시 연금이라는 단어를 아나요? 비슷한 개념으로 노후 보험이라는 단어가 있어요. '보험이라는 말은 많이 들어 보았는데.'

라고 생각하는 학생들이 있을 거예요. 보험은 평상시에 미리 위급할 때를 대비하는 것을 뜻해요. 우리가 자동차 보험에 가입하면 평상시에 보험 회사에 조금씩 돈을 내게 됩니다. 보험 회사는 그 돈을 모아서 다른 사업을 하거나 다양한 방법으로 돈을 관리하지요.

만약 보험 가입자가 교통 사고를 일으키게 되면, 보험 가입자는 보험 회사로부터 병원 치료와 자동차 수리에 필요한 돈을 받을 수 있어요. 노후 보험도 마찬가지랍니다. 젊었을 때 열심히 일하면서 번 돈 중 일정 부분을 보험 회사에 미리 냅니다. 그리고 일정 나이가 되었을 때 그 돈을 돌려받게 되는 것이지요. 보험 회사는 그동안 그 돈을 가지고 사업을 하기 때문에, 보통 가입자들이 낸 돈보다 더 많은 돈을 돌려줍니다.

다시 연금이라는 단어로 돌아오면, 노후 보험과 관련한 보험 회사의 기능을 국가가 담당할 때 이를 연금이라고 합니다. 더 정확히 말하면 퇴직 연금이라고 하기도 하지요. 영국의 예를 들어 보도록 할까요?

23세에 대학을 졸업한 브라운 씨는 스물네 살 때 무역 회사에서 일하기 시작했습니다. 무역 회사에서 10년을 근무한 뒤에는 작은 상점을 운영하기도 했지요. 이렇게 63세까지 일했던 브라운 씨는 거의 40년 동안 월급의 일정 부분을 국가에 연금 회비로 납부했답니다.

은퇴 후 브라운 씨는 국가에서 나오는 연금으로 생활을 하고 있습니다. 연금이 예전에 받던 월급의 70% 정도이기 때문에 생활하는 데 어려움이 없는 것입니다. 자녀들도 다 커서 결혼하고 독립했기 때문에, 브라운 씨 부부는 병원 진료를 제외하고는 별달리 돈이 들어갈 데가 없답니다. 게다가 병원 진료 비용도 상당 부분 의료 보험의 지원을 받기 때문에, 브라운 씨 부부는 연금 수입의 대부분을 여행을 다니는 데 쓰고 있답니다.

이처럼 국가가 연금 제도를 통하여 노후 생활을 보장해 주는 것은 대부분의 선진국에서는 보편화되어 있습니다. 한국에서도 1989년부터 연금 제도가 시행되고 있답니다. 선진국에서는 연금 제도가 도입된 지 오랜 세월이 흘렀지만, 한국의 경우 연금 제도의 역사가 길지 않아요. 그래서 연금 회비를 내는 사람들은 많은데, 지금까지 연금을 받는 사람들의 수는 적지요. 그래서 연금 재정은 아직 흑자 상태랍니다.

다시 재정, 흑자와 같은 말이 나왔네요. 이제부터가 중요한 부분인데요, 좀 어려울 수도 있으니 잘 들어 보세요. 유럽 대부분의 나라들은 부과식 연금 제도를 운영하고 있어요. 부과식이라는 것은, 현재의 젊은 사람들이 낸 연금 회비를 모아서 현재의 퇴직자들에게 연금으로 나누어 주는 제도예요.

예를 들어 볼게요. 어느 마을에서 마을 회의를 통해서 이런 규칙을 정했다고 가정해 봅시다. "지금부터 25세에서 60세 사이의 주민들은 자기 월급의 10%를 연금 회비로 내야 한다. 그리고 그 연금 회비를 모아서 60세 이상의 주민들에게 지급하도록 한다." 이때 이 마을에 25~60세인 주민 수가 90명이고 60세 이상인 주민 수가 10명이라면 결과적으로 모두가 비슷한 수입을 갖게 되지요. 60세 이상의 주민들은 연금 수입으로 25~60세 사이의 주민들과 비슷한 생활 수준을 유지할 수 있게 되지요.

그런데 세월이 흐르면서 이 마을에서 젊은이들의 수가 줄어서, 25~60세 사이의 주민 수가 50명, 60세 이상인 주민 수가 50명이 되었다고 칩시다. 그러면 50명의 월급 중 10%씩을 연금 회비로 거두어 그것을 나이든 주민 50명에게 나누어 주어야 하니, 나이든 주민들의 연금 수입이 확 줄어들겠지요. 그렇게 되면 나이든 주민들은 생활이 어려워질 테고, 연금을 올려 달라고 요구하는 목소리도 높아질 거예요.

만약 이들에게 지급되는 연금을 올려 주려면 어떻게 해야 할까요? 25~60세 사이의 주민들로부터 연금 회비를 더 거두면 되지요. 그런데 실제로는 그게 쉬운 방법이 아니랍니다. 세금을 더 내라고 요구할 경우 좋아할 사람이 없을 테니까요.

바로 전에 저출산 현상이 국가 경제에 큰 문제를 일으킬 수 있다고 했지요. 그중 하나가 바로 연금 문제입니다. 출산율이 낮아지면 장래에는 일을 할 젊은이들의 수가 줄어들게 됩니다. 그러면 연금 회비를 낼 사람의 수에 비해 연금을 받아야 하는 사람의 수가 늘어나게 되지요.

이 밖에도 다른 연금 제도가 있어요. 적립식 연금 제도인데, 각 개인이 젊었을 때에 연금 회비를 납부하면, 납부한 금액에 비례해서 나중에 돌려주는 제도예요. 즉 자신이 낸 만큼의 돈을 돌려받는 것이지요. 아까 이야기했던 보험 회사에 노후 보험을 가입하는 것과 마찬가지예요. 이 경우에는 방금 설명한 저출산과 인구 고령화로 인한 연금 재정의 문제점을 어느 정도 해결할 수가 있습니다.

이는 젊었을 때 수입이 적어서 연금 회비를 적게 납부했거나, 실업 및 자녀 양육 등의 이유로 일을 할 수 없었던 사람들에게는 불리한 제도입니다. 나이가 들면 저축과 연금 수입에 의지할 수밖에 없는 상황이 되기 때문에, 전적으로 적립식 연금 제도를 시행하는 것은 노인 빈곤의 문제를 일으킬 수 있답니다. 대부분의 선진국들은 앞서 두 가지 연금 제도, 즉 부과식과 적립식의 연금 제도를 혼합해서 사용하고 있습니다.

특히 한국의 경우에는 연금이 앞으로 재정 정책의 중요한 문제로 떠오를 것입니다. 한국에서 연금 제도가 전 국민들을 대상으로 시작된 것은 1990년대 말부터입니다. 따라서 아직 연금을 납부하는 사람들에 비해서 연금을 받는 사람들의 수가 훨씬 적습니다.

그러나 2020년 이후에는 노인 인구가 급증할 것이고, 이로 인해 연금의 지출 또한 빠른 속도로 증가할 것으로 예상됩니다. 따라서 연금 재정이 균형적으로 유지될 수 있도록 지금부터 준비해야 할 필요가 있답니다.

통일 문제

'우리의 소원은 통일, 꿈에도 소원은 통일'이라는 노래 들어 보셨지요? 한국은 분단된 지 이제 60년이 넘어 버렸습니다. 어릴 때 북한에서 남쪽으로 건너오신 분들도 이제는 백발이 성성한 노인이 되었습니다. 게다가 요즘 젊은 층에서는 통일에 대한 관심이 다소 줄어들지 않았나 생각됩니다.

유럽에서도 원래 같은 나라였으나 분단되었던 사례가 있습니다. 바로 독일의 경우이지요. 제2차 세계 대전을 겪었던 나로서는 독일의 분단 경험에 대한 기억이 생생합니다. 독일은 일본과 함께 제2차 세계 대전을 일으켰지요. 독일이 전쟁에서 패하자 승전국인 연합국은 독일을 미국, 프랑스, 영국 등이 관할하는 서부 지역과 소련이 관할하는 동부 지역으로 나누었습니다. 양 지역에 서로 다른 정부가 들어섬으로써 한 국가가 서독과 동독으로 나뉘었던 것이지요.

전후에 서독은 비약적인 경제 성장을 이루며, 유럽 제일의 부자 나라로 우뚝 서게 됩니다. 1980년대 한국의 경제 성장을 가리켜 외국에

● 독일의 통일 당시 베를린의 모습

서는 '한강의 기적'이라고 말하곤 했지요. 사실 이 표현은 독일의 고속 성장을 지칭했던 '라인 강의 기적'이라는 표현에서 따 온 것이랍니다. 1980년대 말 서독의 경제 규모는 동독의 7배 이상이었습니다.

이렇게 독일의 이야기를 하는 이유는 무엇일까요? 독일 통일의 사례가 앞으로 진행될 한국의 통일 논의에서 참고할 만한 시사점을 제공하기 때문입니다. 독일의 통일 과정은 결국 경제적으로 뒤처져 있던 동독을 발전한 서독의 수준으로 끌어올리는 과정이었고, 이 과정에서 상당한 재정 지원이 필요했습니다.

20년 동안 통일된 독일이 동독의 발전을 위해 투입한 재정은 1조 2500억 유로나 됩니다. 너무 커서 어느 정도 액수인지 감이 잘 잡히지 않죠? 이 액수는 한 해 독일 국민 총생산의 절반에 가까운 액수입니다. 이러한 막대한 규모의 돈이 국민들의 세금에서 나오는 것이랍니다.

첫 번째 시간에 조세 법률주의에 대해 배웠지요? 세금을 거둘 때는 법에 의거해서 거둔다는 것이었어요. 법을 정하는 것이 국회이고, 국회의원은 국민에 의해 선출된다는 것 기억하지요? 당시 동독 지역에 대해 지원하기 위해서 막대한 세금을 거두어야 했고, 이를 위해서는 독일 국민들의 동의를 구하는 것이 필수적이었답니다. 통일 전에

예상했던 것의 5배의 비용이 독일 통일에 소요되었다고 합니다.

다시 한국의 통일 문제로 돌아가 볼까요? 통일 문제는 앞으로 한국 국민이라면 누구나 깊게 생각하고 의견을 모아야 하는 매우 중요한 문제입니다. 현재 남한과 북한의 경제 규모 차이는 서독과 동독의 차이보다 훨씬 큽니다. 남한은 국민 총생산을 기준으로 북한의 37배나 되고, 1인당 국민 소득은 18배가 됩니다.

또한 북한 주민들은 기본적인 생계 유지가 안 되는 실정이기 때문에 극빈층과 노약자를 위한 대책이 시급해요. 이러한 격차로 인해 남한과 북한의 경제를 통합하려면 상당히 많은 비용이 들어갈 것입니다. 통일에 따르는 비용의 경제적 측면을 좀더 구체적으로 살펴봅시다.

먼저 경제 통합 과정에서 발생하는 여러 가지 위기 상황을 해결하기 위한 비용과, 북한의 낙후된 시설 등을 새롭게 재건하는 비용을 들 수 있습니다. 또한 북한 주민들의 최소한의 삶의 질을 보장해 줄 수 있는 사회 보장 비용이 반드시 필요합니다.

교과서에는

북한 주민들의 인간다운 삶을 위해 정부는 사회 보험과 공공 부조, 사회 복지 서비스 등을 제공해야 할 것입니다.

결국 통일을 하게 되면 남한이 북한을 잘살 수 있도록 도와주어야 해요. 통일에 소요되는 비용이 정확하지는 않지만 1조 2000억 달러에 이를 것이라는 예상이 있어요. 이 금액은 한국의 한 해 국민 총생산보다 많은 액수입니다. 결국 독일과 마찬가지로 오랜 기간 동안 매년 통일로 인한 세금 부담이 늘어날 수밖에 없을 것입니다.

하지만 통일은 한국인에게 있어서는 단일 공동체를 다시 회복한다는 점에서 비용만으로는 가치를 따질 수 없는 문제이고, 통일로 인해서 얻을 수 있는 이익도 매우 큽니다. 예를 들어, 지금과 같이 대규모의 군대를 유지할 필요가 없어질 것입니다. 또한 해외에서 한국을 이전보다 더 안전한 지역으로 인식하게 되어 한국에 대한 투자도 늘어나겠지요. 남북 간의 무력 충돌에 대한 위험이 사라지기 때문에 한국 기업들이 외국에서 돈을 빌려 오기도 더 쉬워질 거예요.

통일에 대한 비용 마련과 함께 중요한 문제는, 지난 60여 년 동안 서로 다른 제도와 사상 속에서 살아온 남북한의 사회 구성원들이 하나로 통합된 사회를 꾸리는 문제입니다. 통합의 과정이 물론 쉽지만은 않을 것입니다. 하지만 통일에 대한 열망이 있고 서로를 도와주고자 하는 의지가 있다면, 통일은 우리가 걱정하는 것만큼 어려운 과제만은 아닐 것입니다.

현재 독일의 총리는 2005년부터 동독 출신의 앙겔라 메르켈 (Angela Dorothea Merkel)이 맡고 있습니다. 동독과 서독이 통일을 이룬 지 15년이 지난 후 동독 출신 정치인이 독일을 대표하는 총리가 될 정도로 사회적 통합이 빠르게 이루어진 셈입니다.

이제 우리가 첫 시간에 다루었던 국가라는 공동체에 대해서 다시 떠올려 봅시다. 우리는 모두 국가 공동체 안에서 살아가게 되고, 재정이란 그 공동체의 구성원 모두가 공유하게 되는 나라의 살림입니다. 따라서 그 살림을 운영하는 데 있어서 사회 구성

● 독일의 제8대 총리인 앙겔라 메르켈

원 간에 합의가 필요합니다. 사회 구성원들은 공동체의 일원으로서 공동체의 문제에 대한 책임 의식을 가져야겠지요.

통일 문제는 큰 재정이 소요되는 거대한 변화임에 틀림없습니다. 특히 통일 비용과 같은 문제는 시행 시점을 정확히 예측할 수 없기 때문에 장기간 준비해야 하고, 국민들의 세금이 투입되어야 하기 때문에 합의가 필요한 민감한 사안입니다. 따라서 정부는 이에 신중하게 접근해야 하며, 국민들도 책임 의식을 갖고 적극적으로 참여해야 할 것입니다.

정부의 저출산 대책

출산 장려금

교육비

자녀 계획을 세워 볼까?

늙고 병들어 앞으로 살길이 걱정이구나!

돈 워리!

비 해피!

노후 연금

정부

정부

통일 독일

우리 독일은 통일 과정에서 1조 2500유로나 들었어요. 참고하시길!

history

대한민국 정부의 대표적인 복지 관련 정책들을 살펴봤어요.

쉬운 게 하나도 없군요! 뭐, 좋은 해결책이 없을까요?

글쎄요……. 내 대답은 언제나 이것입니다.

요람에서 무덤까지

흠흠…….

에필로그

"공동체의 일원으로서
책임 의식을 가져야 해요."

지금까지 우리가 살펴본 재정에 관련된 이야기는 경제 전반에 비하면 일부분에 해당합니다. 일반적인 경제 상식 외에도 정부의 운영이나 정책과 관련된 부분을 알아 두면 큰 도움이 된다는 데서 이번 수업의 의미를 찾아볼 수 있습니다. 또한 다양한 방면을 다루어 볼 수 있다는 점에서 충분히 배울 만한 이야깃거리였다고 생각합니다.

열심히 수업을 들은 여러분은 정부의 재정 활동에 관한 대부분의 지식을 갖추게 된 셈이에요. 앞으로 더 배울 기회가 있겠지만, 이 책에서 알게 된 것을 기초로 해서 더 나아간다면 쉽게 배울 수 있을 거예요.

우리는 재정에 관한 일반적인 이야기 외에도 앞으로 한국 사회가 해결해야 할 몇 가지 문제점에 대해서도 생각해 보는 시간을 가졌습니다. 저출산 문제, 노인 복지에 관한 문제, 통일 문제는 앞으로 사회의 주역이 될 여러분이 계속 관심을 가져야 하는 문제입니다.

이러한 사회 문제에 대한 해결책이 쉬울 것이라고 생각하지는 않습니다. 하지만 한국 국민이 지금까지 여러 가지 역경을 슬기롭게 헤쳐 온 것을 볼 때, 여러분도 충분히 이 문제들을 감당할 수 있으리라고 봅니다.

여러분의 부모님들이 태어나던 시절 한국은 매우 가난한 나라였답니다. 아프리카의 나라들보다 한국이 더 가난한 경우도 많았지요. 그러나 여러분의 할아버지, 아버지 세대들은 열심히 일해서 오늘날의 한국을 만들었고, 오늘날 한국은 세계 10위권의 경제 대국이 되었답니다.

과거에 외국의 도움을 받아야 했던 한국은 오늘날 아프리카와 동남아시아의 많은 저개발 국가에 원조를 해 주고 있습니다. 앞으로도 세계에서 한국의 역할은 계속 증대할 것으로 보입니다. 과거 한국을 비롯한 아시아 국가들을 원조의 대상으로 보았던 유럽인의 시각에서는 정말 놀라운 변화이죠.

그럼 이쯤에서 내 수업도 마무리를 지어야겠습니다. 나는 여러분하고는 태어난 시대도 다르고, 거리상으로도 먼 나라에서 태어났습니다. 문화적으로도 많이 다른 환경에서 살았지요. 그런데 어떻게 내가 여러분에게 재정 정책 이야기라는 제목으로 수업을 진행할 수 있었을까요?

그 이유는 우리가 모두 국가라는 공동체에 속해서 살아가기 때문입니다. 내가 태어난 곳을 스스로 선택하지 않았듯이, 여러분도 스스로 선택해서 한국에 태어난 것은 아니지요. 하지만 이곳에 태어난 순간 여러분은 한국 국민으로서 자라나는 것이고, 이 나라의 어엿한 일원이 되는 것이랍니다. 그리고 여러분의 노력으로 한국이라는 나라가 운영되는 것이지요. 여러분 주변의 가족들, 친구들이 있는 이곳은 함께 가꾸어 나가야 할 소중한 터전이랍니다. 여러분이 자라서 어른이 되었을 때, 한국이 세계를 선도할 수 있는 그런 나라가 되어 있기를 기대해 봅니다.

2011년도 수능(경제) 2번

그림의 대화와 관련된 설명으로 옳지 않은 것은? [3점]

사회자 : 최근에 사회적으로 문제가 되고 있는 심각한 인플레이션
 의 원인은 무엇입니까?

갑 : 원유와 곡물 등 국제 원자재 가격의 급등에 1차적인 원인이
 있다고 생각합니다.

을 : 대외적인 요인보다 국내 민간 부문의 소비 지출이 지속적으
 로 증가한 것이 주요 원인이라고 생각합니다.

① 일반적으로 인플레이션은 화폐의 구매력을 떨어뜨리고 부와 소득
 의 분배에 악영향을 미친다는 점에서 사회적 문제가 된다.

② 갑의 주장이 맞다면 실업률과 인플레이션율 간에 정(+)의 관계가
 나타날 수 있다.

③ 갑의 주장이 맞다면 총수요 관리 정책만으로는 적절한 대책이 마련되기 어렵다.

④ 을의 주장이 맞다면 긴축 정책의 필요성이 높아진다.

⑤ 갑은 총공급의 증가를, 을은 총수요의 증가를 인플레이션 발생의 주요 원인으로 보고 있다.

2009년도 수능 10번

다음 탐구 수업에서 자료를 옳게 분석하여 발표한 학생만을 있는 대로 고른 것은? [2점]

구분		(가)	(나)
대상(납세자/담세자)		동일함	다름
특징	조세 저항	강함 징수가 어려움	약함 징수가 용이함
	세율 적용 방식	과세 대상 금액이 커질수록 높은 세율 적용	과세 대상 금액에 상관없이 동일 세율 적용

갑 : 세금 부과의 대상으로 보아 소득세는 (가)에 해당합니다.

을 : 세율 적용 방식으로 보아 (나)는 비례 세율이 적용되어 세율은 과세 대상 금액에 비례합니다.

병 : 세율 적용 방식으로 보아 (가)는 빈부 격차를 줄여 주는 효과가 있습니다.

정 : (나)가 신설되면 조세 저항이 약해 징수는 용이하지만 물가 상승을 유발할 수 있습니다.

① 갑, 을   ② 을, 정   ③ 병, 정

④ 갑, 을, 병   ⑤ 갑, 병, 정

● 기출 문제 활용 노트 답안

2011년도 수능(경제) 2번 답 ⑤

인플레이션은 물가가 지속적으로 상승하는 것을 말해요. 인플레이션이 발생하면 화폐의 가치가 하락하기 때문에 부와 소득 분배에 악영향을 끼치지요. 돈을 빌린 사람과 빌려 준 사람 간에도 유리한 편이 생기고, 같은 양의 화폐로도 인플레이션 이전과 이후에 구매할 수 있는 물건의 양이 차이가 나기 때문이에요.

인플레이션이 발생하는 원인으로는 크게 두 가지가 있어요. 먼저, 갑이 말하는 것처럼 원자재 가격이 올라가서 공급이 감소하기 때문에 발생하는 비용 인상 인플레이션을 들 수가 있지요. 이때는 총공급이 줄기 때문에 고용도 감소하여 실업이 발생하고, 더불어 물가도 인상되는 현상이 발생합니다. 스태그플레이션의 상황이라고도 볼 수 있는데, 이에 대한 대책으로는 수요를 늘리는 것만으로는 상황을 해결하기 어렵습니다. 수요가 늘어나면 물가가 더욱 상승하게 되기 때문이지요.

을의 주장처럼 소비 지출의 증가가 원인이 되는 경우에는 경기가 호황이므로 긴축 정책이 필요합니다. 이는 총수요의 증가로 인해 발생한 인

플레이션이기 때문에 정부가 총수요를 줄이는 방법으로 문제를 해결할 것입니다.

2009년도 수능 10번 답 ⑤

세금이 부과될 경우 그것을 직접 납부할 의무가 있는 사람을 납세자라고 하며, 납부 의무자가 아닌데도 실제로 자기 소득이나 재산에서 조세를 부담하게 되는 사람을 담세자라고 합니다. 조금 어려운 말이지만 직접세와 간접세의 차이를 보면 쉽게 이해할 수 있을 거예요.

먼저, 직접세의 경우 자신의 소득에 대해서 적용되는 것이 대부분이며 납세자와 담세자가 동일합니다. 그래서 갑의 말처럼 소득세는 직접세에 해당하지요. 하지만 간접세는 소비 지출 과정에서 가격의 일부로 부담되기 때문에 납세자와 함께 소비자도 담세자가 되어 세금의 부담을 집니다. 때문에 세금 징수가 용이하고 조세의 형식이 잘 드러나지 않아서 저항이 약한 것입니다. 하지만 정의 이야기처럼 가격이 더 높아지기 때문에 물가 상승을 유발하기도 한답니다.

세율 적용 방식으로 보면 직접세의 경우 과세 대상 금액이 커질수록 높은 세율을 적용하는 누진적 방식을 채택합니다. 여기에는 부의 재분배라는 목적도 있어서 빈부 격차를 줄여 주는 효과가 있지요. 반면, 간접세는 비례 세율이 적용됩니다. 여기서 주의할 것은 과세 대상 금액에 비례한 것은 세율이 아니라 세액이며 세율은 언제나 일정하다는 거예요. 따라서 을의 이야기는 오답이 되는 것입니다.

○ 찾아보기

경제학자가 들려주는 경제 이야기 11

베버리지가 들려주는 재정 정책 이야기

ⓒ 강유덕, 2011

초판 1쇄 인쇄 2011년 11월 28일
초판 1쇄 발행 2011년 12월 9일

지은이   강유덕
그린이   황기홍
펴낸이   강병철
주간   정은영
편집   이새봄 박영숙
제작   박이수
영업   조광진 안재임 장성준
마케팅   박제연 전소연
웹홍보   정의범 한설희 이혜미

펴낸곳   (주)자음과모음
출판등록 2001년 5월 8일 제20-222호
주소   121-753 서울시 마포구 동교동 165-1 미래프라자빌딩 7층
전화   편집부 02) 324-2347 총무부 02) 325-6047
팩스   편집부 02) 324-2348 총무부 02) 2648-1311
이메일   jmseries@jamobook.com
홈페이지 www.jamo21.net

ISBN 978-89-544-2562-9 (44300)
      978-89-544-2505-6 (set)

개정판＋신판

과학자가 들려주는 과학 이야기 (001~127)

정완상 외 지음 | (주)자음과모음 | 각 9,700원 | 이메일 jmseries@jamobook.com

위대한 과학자들이 한국에 착륙했다!
어려운 이론이 쏙쏙 이해되는 신기한 과학수업,
〈과학자가 들려주는 과학 이야기〉 개정판과 신간 출시!

〈과학자가 들려주는 과학 이야기〉 시리즈는 어렵게만 느껴졌던 위대한 과학 이론을 최고의 과학자를 통해 쉽게 배울 수 있도록 했다. 또한 지적 호기심을 자극하는 흥미로운 실험과 이를 설명하는 이론들을 초등학교, 중학교 학생들의 눈높이에 맞춰 알기 쉽게 설명한 과학 이야기책이다. 특히 추가로 구성한 101~127권에는 청소년들이 좋아하는 동물 행동, 공룡, 식물, 인체 이야기와 최신 이론인 나노 기술, 뇌 과학 이야기 등을 넣어 교육 과정에서 배우고 있는 과학 분야뿐 아니라 최근의 과학 이론에 이르기까지 두루 배울 수 있도록 구성되어 있다.

★ 개정신판 이런 점이 달라졌다! ★

첫째, 기존의 책을 다시 한 번 재정리하여 독자들이 더 쉽게 이해할 수 있게 만들었다.
둘째, 각 수업마다 '만화로 본문 보기'를 두어 각 수업에서 배운 내용을 한 번 더 쉽게 정리하였다.
셋째, 꼭 알아야 할 어려운 용어는 '과학자의 비밀노트'에서 보충 설명하여 독자들의 이해를 도왔다.
넷째, '과학자 소개 · 과학 연대표 · 체크, 핵심과학 · 이슈, 현대 과학 · 찾아보기'로 구성된 부록을 제공하여 본문 주제와 관련한 다양한 지식을 습득할 수 있도록 하였다.
다섯째, 더욱 세련된 디자인과 일러스트로 독자들이 읽기 편하도록 만들었다.

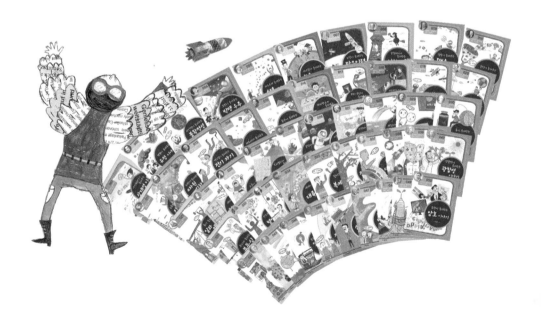

수학자가 들려주는 수학 이야기 (전 88권)

차용욱 외 지음 | (주)자음과모음 | 각 11,000원 | 이메일 jmseries@jamobook.com

**국내 최초 아이들 눈높이에 맞춘 88권짜리 이야기 수학 시리즈!
수학자라는 거인의 어깨 위에서 보다 멀리, 보다 넓게
바라보는 수학의 세계!**

수학은 모든 과학의 기본 언어이면서도 수학을 마주하면 어렵다는 생각이 들고 복잡한 공식을 보면 머리까지 지끈지끈 아파온다. 사회적으로 수학의 중요성이 점점 강조되고 있는 시점이지만 수학만을 단독으로, 세부적으로 다룬 시리즈는 그동안 없었다. 그러나 사회에 적응하려면 반드시 깨우쳐야만 하는 수학을 좀 더 재미있고 부담 없이 배울 수 있도록 기획된 도서가 바로 〈수학자가 들려주는 수학 이야기〉 시리즈이다.

★ 무조건적인 공식 암기, 단순한 계산은 이제 가라! ★

- 〈수학자가 들려주는 수학이야기〉는 수학자들이 자신들의 수학 이론과, 그에 대한 역사적인 배경, 재미있는 에피소드 등을 전해 준다.
- 교실 안에서뿐만 아니라 교실 밖에서도, 배우고 체험할 수 있는 생활 속 수학을 발견할 수 있다.
- 책 속에서 위대한 수학자들을 직접 만나면서, 수학자와 수학 이론을 좀 더 가깝고 친근하게 느낄 수 있다.

철학자가 들려주는 철학 이야기 <small>(전 100권)</small>

서정욱 외 지음 | (주)자음과모음 | 각 11,000원 | 이메일 soseries@jamobook.com

아이들의 눈높이에 맞춘 철학 동화!
책 읽는 재미와 철학 공부를 자연스럽게 연결한 놀라운 구성!

대부분의 독자들이 어렵게 느끼는 철학을 동화 형식을 이용해 읽기 쉽게 접근한 책이다. 우리의 삶과 세상, 인간관계에 대해 어려서부터 진지하게 느끼고 고민할 수 있도록, 해당 철학 사조와 철학자들의 사상을 최대한 풀어 썼다.

이 시리즈의 가장 큰 장점은 내용과 형식의 조화로, 아이들이 흔히 겪을 수 있는 일상사를 철학 이론으로 해석하고 재미있는 이야기로 담은 것이다. 또한 아이들의 눈높이에 맞는 쉽고 명쾌한 해설인 '철학 돋보기'를 덧붙였으며, 각 권마다 줄거리나 철학자의 사상을 상징적으로 표현한 삽화로 읽는 재미를 더한다. 철학 동화를 이끌어가는 주인공을 형상화하고 내용의 포인트를 상징적으로 표현한 삽화는 아이들의 눈을 즐겁게 만들어준다. 무엇보다 이 시리즈는 철학이 우리 생활 한가운데 들어와 있고, 일상이 곧 철학이라는 사실을 잘 보여준다. 무엇보다 자기 자신을 극복한다는 것, 인간을 사랑한다는 것, 진정한 인간이 된다는 것, 현실과 자기 자신을 긍정한다는 것 등의 의미를 아이들의 시선에서 풀어내고 있다.